SCHULD OHNE STRAFE

Zu diesem Buch:
SCHULD ohne STRAFE - geht das ?
Ist es möglich, mit Schuld not-wendend umzugehen ?
Ist es möglich, persönliche Schuld so aufzuarbeiten, dass wir uns davon frei und weitestgehend unbelastet fühlen können, ohne in dauerhaften, oft lebenslangen Schuldgefühlen (bewusst oder unbewusst) festzuhängen ?
Der hier vorliegende Erfahrungsbericht beantwortet diese Fragen eindeutig mit Ja.
Da heisst es: Wir haben in einer wunderbar lebendigen, sehr ehrlichen Arbeit herausgefunden, dass Schuld und Strafe nicht *zwangsläufig* zusammengehören,
dass es geht, sich seiner/ihrer Schuld zu stellen, *ohne* Bestrafung zu erwarten oder zu erfahren.
Sondern, dass sich im Gegenteil das ganze Leben positiv verändern kann, wenn wir uns unserer Schuld zuwenden.
Und, dass der Zugewinn an Freiheit wirklich gross und deutlich spürbar ist.
Darüberhinaus zeigt die sehr differenzierte und leicht praktikable Anleitung, dass der Weg dahin nicht allzu schwer sein muss und mit **fünf Minuten** täglicher Hinwendung - und auch das nur für einen begrenzten Zeitraum - auskommt.
Dieses Buch weckt geradezu die Lust, sich aufrichtig der eigenen Schuld zuzuwenden, wie gross oder klein sie auch sein mag.

Anna Sophie Weinert
ist in Wedel bei Hamburg geboren und aufgewachsen.
Von vier abgeschlossenen Berufsausbildungen sind zwei als Leidenschaft geblieben:
DIE MALEREI und DIE GESTALTARBEIT.
Ihre jahrelange Erfahrung mit GESTALTGRUPPEN,
mit Einzelarbeit und Paarberatung bildet den Hintergrund für die Entwicklung dieser "etwas anderen Art" des Schuldumgangs.
Nach fast einjährigem USA-Aufenthalt lebt und arbeitet
A.Weinert seit 1992 in Bremen und bietet Seminare zu diesem Thema an.
Was sie freut:
44 geboren
99 das Erscheinen ihres ersten Buches
55 Jahre alt

ANNA SOPHIE WEINERT

SCHULD OHNE STRAFE

EIN ERFAHRUNGSBERICHT UND EINE ANLEITUNG

ASW VERLAG
ANNEGRET WEINERT WORMCKE

Weinert, Anna Sophie
SCHULD OHNE STRAFE

ASW Verlag - Annegret Weinert-Wörmcke - Bremen
1. Auflage August 1999
Umschlagentwurf und Gesamtgestaltung: Anna Sophie Weinert
Zeichnungen: Anna Sophie Weinert
Druck: GP Druck (Gerd Peterke), Bremen

ISBN 3-00-004762-X

ASW VERLAG ANNEGRET WEINERT WÖRMCKE

VON SCHULD UND SÜHNE

(gekürzt)

-Oft höre ich euch reden von einem der Unrecht tat, als sei er nicht einer von euch, sondern ein Fremdling unter euch und ein Eindringling in eure Welt.

-Doch ich sage euch: Wie der Heilige und Gerechte nicht höher steigen kann als das Heiligste, das in jedem von euch wohnet,

-Ebenso kann der Böse und Schwache nicht tiefer fallen, als das niedrigste, das in euch liegt.

-Und wie ein einzeln Blatt nicht vergilbt, ohne das stumme Wissen des ganzen Baumes,

-So kann der Übeltäter kein Unrecht tun, ohne den verborgenen Willen von euch allen.

-Wie im Festzuge wandelt ihr gemeinsam eurem göttlichen Ich entgegen.

-Ihr seid der Weg und die Wanderer.

-Und fällt einer von euch nieder, so fällt er für jene hinter ihm, als Warnung vor dem Stein, woran er gestrauchelt.

-Wahrlich, er fällt sogar für jene vor ihm, die, wenn auch flinker und sichrer zu Fusse, dennoch versäumten, den Stein des Anstosses aus dem Wege zu räumen.

-Und noch ein Wort, mag es auch schwer auf eurem Herzen wiegen:

-Der Ermordete ist nicht ohne Verantwortung an seiner Ermordung.

-Und der Beraubte ist nicht ohne Tadel wegen seiner Beraubung.

-Der Rechtschaffene ist nicht ohne Schuld an den Taten des Bösen.

-Und der, dessen Hände unbeflekt, ist nicht rein von den Vergehen des Verbrechers.

-Fürwahr, der Schuldige ist oft das Opfer des Geschädigten.

-Und noch öfter wird der Verurteilte zum Träger für die Lasten des Unschuldigen und Tadellosen.

-Ihr vermögt nicht den Gerechten vom Ungerechten zu trennen, noch den Guten vom Bösen,

-Denn vor dem Antlitz der Sonne stehen sie beieinander, so wie der schwarze Faden und der weisse zusammen verwebt sind.

KAHLIL GIBRAN

INHALTSVERZEICHNIS

EINLEITUNG

Wie ich über meinen liebenswürdigen Buchhändler erfuhr, gibt es bereits ungefähr 2oo Titel zum Thema Schuld.
Dass ich dennoch ein weiteres Buch zu diesem Thema schreibe, ergab sich aus meiner Arbeit. Und, es schien mir notwendig.
Notwendig im Sinne von Not wenden.

In diesem Erfahrungsbericht wird es genau darum gehen:
Ob es möglich ist, mit Schuld not-wendend umzugehen.
Ob es möglich ist, persönliche Schuld so aufzuarbeiten, dass wir uns davon frei und weitestgehend unbelastet fühlen können, ohne in dauerhaften, oft lebenslangen Schuldgefühlen
(bewusst oder unbewusst) festzuhängen.
Und es wird darum gehen, ob eine solche Arbeit tatsächlich über weite Strecken auf eine wirklich leichte Art und Weise geleistet werden kann und darf.
Oder ob mit dem Begriff Schuld fast automatisch Festlegungen gekoppelt sind, die da heissen: "Du hast etwas Schlimmes getan, Du hast Schuld auf Dich geladen, nun muss es Dir auch (zur Strafe!) ganz ganz schwer gemacht werden, davon wieder loszukommen."
Und ob mit der Vorstellung eines *leichten* Umgangs damit fast zwangsläufig verbunden ist, dann kann es ja nichts wert sein. Oder nicht Strafe genug sein. Weil Strafe doch wohl unabdingbar hierhergehört. Wo sonst gehört sie hin, wenn nicht ganz eindeutig zur Schuld.
Doch wir, meine Klientinnen und Klienten und ich, haben in einer wunderbar lebendigen und, wie ich finde, sehr ehrlichen Arbeit herausgefunden, dass Schuld und Strafe nicht zwangsläufig zusammengehören.
Dass es geht, sich seiner/ihrer Schuld zu stellen, ohne Bestrafung zu erwarten oder zu erfahren.
Sondern, dass sich das ganze Leben positiv verändern kann, wenn ich mich meiner Schuld zuwende.
Und, dass der Zugewinn an Freiheit wirklich gross und deutlich spürbar ist.

Im Abschnitt ERGEBNISSE wird es um jene wirklich sehr weitreichenden Veränderungen gehen, die diese Arbeit mit sich bringt. Einer Arbeit, die, nach kurzer Vorbereitung, mit nur täglich **fünf Minuten** Hinwendung, allerdings aufrichtiger Hinwendung, an die eigene Schuld auskommt. Und selbst dies auch nur für einen begrenzten Zeitraum.
Doch zunächst werde ich beschreiben, wie es zu dieser Arbeit kam, welche ersten Erfahrungen wir im Annäherungsprozess an das Thema und im weiteren Verlauf damit gemacht haben.
Ich sage etwas zu den Vorbereitungen und den einleitenden Übungen und schliesslich wird es eine sehr detaillierte Anleitung zu der FÜNF-MINUTEN-HINSEH-ÜBUNG geben,
die den eigentlichen Kern dieser Arbeit ausmacht.

Zuvor möchte ich jedoch noch kurz etwas über die Verwendung des Begriffes Schuld sagen:
Natürlich stellte sich mir im Zusammenhang mit dieser Arbeit die Frage, ob es nicht sinnvoll sei, den Begriff Schuld ganz wegzulassen oder ihn durch einen weniger belasteten Begriff zu ersetzen.
Doch abgesehen davon, dass mir nichts Rechtes dazu einfallen wollte, glaube ich auch, dass es zum jetzigen Zeitpunkt noch richtig ist, den aus unsrer uralten Tradition kommenden Begriff hier auch weiter zu verwenden. Er steckt uns sozusagen "in Fleisch und Blut",
ist alltäglicher Gebrauch und bestimmt als solcher unser Handeln und Denken, und vor allen Dingen unser Fühlen.
Doch gerade deshalb ist es mir wichtig, vorab deutlich zu machen, dass es hier, in diesem Erfahrungsbericht, niemals um sog. objektive Schuld gehen kann und wird (falls es so etwas überhaupt gibt, was ich bezweifle), sondern immer nur um das, was jede/r Einzelne von uns ganz subjektiv als Schuld in seinem/ihrem Innern abgespeichert hat. Und dies ist durchaus individuell sehr verschieden und hängt doch wohl weitestgehend davon ab, was unsere Eltern oder andere Bezugspersonen uns in dieser Hinsicht vermittelt haben.
So kann es natürlich sein, dass ein und derselbe "Tatbestand", der für den Einen als heftige Schuld als äusserst belastend erlebt wird,

für die Andere möglicherweise gar nicht mit dem Begriff Schuld in Verbindung gebracht wird.
Und spätestens da wird Objektivität diesem Thema gegenüber ziemlich fragwürdig.

Und fragwürdig (des Überprüfens und Infragestellens würdig) wird, so hoffe ich, durch diese vorliegende Arbeit, für viele Menschen in ihrem Alltag das Begriffspaar SCHULD und STRAFE.
Und öffnet damit vielleicht den Weg zu einem stressfreieren, weil aufrichtigen Umgang mit persönlicher Schuld.

DER HINTERGRUND

Ich wollte es mein Leben lang leicht haben.
Vermutlich, weil ich dazu neigte, mir die Dinge besonders schwer und leidvoll zu gestalten.
Ich fand immer, es müsse auch leicht gehen. Leben dürfe auch Spass machen. Ganz besonders wichtig war mir dies in therapeutischen- und/oder Selbsterfahrungs- / Beratungszusammenhängen, sowohl bei mir selbst, als auch später dann bei den Menschen, die zu mir kamen, um mit mir zu arbeiten.
Immer mal wieder finden wir im Zusammenhang mit dieser inneren Arbeit Hinweise wie:
"Die Schmerzen des Wachstums - der Mühe wert."
Dies vermittelt mir, Wachstum ist immer schmerzhaft und mühe-voll.
Ich dagegen fand, es müsse auch leicht gehen und suchte (suche) nach Wegen dafür.
Besser gefiel mir da schon das, was ich bei den Begründern der VIVATION-Methode (Phil Laut/Jim Leonard) bei einem ihrer Ausbildungsangebote in Berlin gelernt habe, nämlich, dass es möglich ist, *jedes* Gefühl zu geniessen. Während der Atemsitzungen ist dort die Begleitperson u.a. immer wieder dazu angehalten, den Satz: "Auch dieses Gefühl darfst Du geniessen" anzubieten.
Wenn ich mich von der Methode an sich auch relativ schnell wieder distanziert habe, so ist es doch dieser Satz, für den ich ewig dankbar bin, und den ich auch *liebend* gern immer wieder an meine Klientinnen und Klienten weitergebe.

So suchte ich also auch nach einem Weg, mit dem so schweren Thema der persönlichen Schuld auf leichte, d.h., auf *gangbare* Art und Weise umzugehen.

Kein anderes Thema ist, glaube ich, so sehr dazu angelegt, es zu verdrängen, abzuspalten, wegzudrücken, wie das Thema (der) Schuld. Das liegt sicherlich nicht zuletzt daran, dass kaum eine/r von uns aufwächst mit der Erfahrung, dass mit Schuld vernünftig, sachlich und verantwortungsvoll umgegangen werden kann. Im Gegenteil, die meisten von uns lernen bereits in der Kindheit, dass Schuld und Strafe zusammengehören, dass etwas "Böses", etwas "Falsches", etwas "Unrechtes" getan zu haben, unweigerlich (gerechte?) Strafe nach sich zieht und, dass wir sie auch "verdient" haben.
Im günstigsten Falle erfahren wir, dass wir sie "wiedergutmachen", sie "aus der Welt schaffen" (was für eine Aussage !) können bzw. müssen, indem wir *Straf*arbeiten (Schule) oder andere *Sühne*leistungen zu erbringen haben, um diese Schuld zu tilgen.
Die Variationsbreite dieser sog. Sühneleistungen ist nahezu unendlich und reicht von Taschengeld-, Nachtisch-, Ferienentzug u.ä. über Schläge, "Verdammung" zu Gartenarbeit oder anderen Arbeiten (die meistens den Erwachsenen einen Gewinn bringen) über tagelanges Schweigen, über (R)ausgehverbot und andere Verbote bis hin zum Einsperren in den Keller und andere "Verliese". Den Greulichkeiten ist da keine Grenze gesetzt.
Meist "hilft" jedoch nicht einmal das. Wir erfahren im Gegenteil, dass diese "Sühneleistungen" keinesfalls genügen, sondern dass wir in der Regel danach künftig als sogenannte Mahnung immer wieder daran erinnert werden (um weiteren "Verbrechen" vorzubeugen). Da hören wir dann so "wunderbare" Sätze wie:

-"Denk dran, Du hast schon einmal ....."
-"Glaub ja nicht, dass ich Dir das erlaube, da haben wir ja schliesslich schlechte Erfahrungen mit Dir."
-"Pass auf, dass Dir das nicht noch einmal passiert, Du weisst ja, das nächste Mal ....."
-"Wie sollen wir Dir noch jemals vertrauen ."
-"Nun ja, mach es, aber vergiss nicht, das letzte Mal hast Du ....."
-"Wer einmal lügt, dem glaubt man nicht, und wenn er auch die Wahrheit spricht."
und ..... und ..... und .....

Wir könnten fast davon ausgehen, dass Eltern oder andere "ErzieherInnen" geradezu dankbar sind für diese Vergehen, da sie sie nun mit soviel Inbrunst als "Erziehungsmittel", Druckmittel ".... damit Du es ja nie vergisst !!" benutzen, um aus uns "anständige" Menschen, BürgerInnen zu machen. Dies bewirkt in der Regel, dass wir Schuld als etwas "ganz Schlimmes" empfinden, es künftig ver-schweigen, um Strafe zu entgehen, und uns still vor uns hin schämen/quälen. Zum einen wegen der Schuld, zum anderen wegen des Verschweigens.
Und unser Rechtssystem - auch genannt Strafsystem - das (fast) überall auf der Welt oft ähnlich "gerecht" gehandhabt wird, unterstützt und bestärkt solch ein Verhalten natürlich. So werden in dem "Rechtsstaat" Familie mit voller Berechtigung die gleichen Prinzipien angewandt.
Viele von uns erfahren deshalb meist schon sehr früh, dass die "Wiedergutmachungsleistungen", die wir als Strafe für irgendein "Vergehen" zu erbringen haben, sich eher gerächt als gerecht anfühlen.
Ich glaube allerdings auch nicht, dass es überhaupt geht, etwas wiedergutzumachen (etwas, was ich schlecht gemacht habe, im nachhinein gut zu machen), da Vergangenheit nicht korrigiert werden kann. Wie auch jede andere Erfahrung nicht korrigiert werden kann (allenfalls können wir unseren Standpunkt dazu und auch unsere Gefühle darüber verändern). Und somit ist es auch nicht möglich, etwas zu tilgen oder gar aus der Welt zu schaffen. Es ist bereits in der Welt und hat seine Auswirkungen gehabt.
Mir gefiele es besser, zu sagen: "Ich habe Dir etwas Schlechtes getan. Lass mich (uns) nun schauen, ob ich Dir als Ausdruck meiner Reue, meines Hinsehens (und zu-mir-Nehmens) auf das, was ich Dir damit angetan habe, jetzt etwas Gutes tun kann."
Wie beim Ausgleich eines Kontos, bei dem zwar Soll durch Haben ausgeglichen wird, der Kontoauszug, der diesen Vorgang sichtbar macht, jedoch erhalten bleibt.

In therapeutischen/beratenden Settings haben wir es immer wieder mit SchuldGEFÜHLEN zu tun, und meiner Erfahrung nach begegnen wir dort häufig neben den Angeboten zur Integration auch ebenso

häufig den Versuchen (der Versuchung?), den Klientinnen und Klienten zu helfen, diese loszuwerden, sie ihnen auszureden, sie davon zu befreien. Dies geschieht vor allem, da sie so oft als ungerechtfertigt, unnötig, unangemessen und nicht sinnvoll erscheinen.
Meine Erfahrung ist, dass Menschen, die sich viel Schuldgefühle machen, die immer wieder ein schlechtes Gewissen haben und die immer wieder mit diffusen (nicht wirklich greifbaren, weil scheinbar unbegründeten) Gefühlen des Schuldigseins in der Welt sind, in Wahrheit an uns appellieren: "..und erlöse uns/mich von der SCHULD". Das heisst, dass es da vielleicht eigentlich ganz flehentlich darum geht, die tatsächliche Schuld im Leben dieser Menschen aufzusuchen, und einen guten, d.h., nüchternen, nicht beschönigenden, aber auch nicht verurteilenden, und damit möglicherweise entlastenden Weg des Umgangs damit zu finden.
Das, was uns drückt, was uns oft fast zerdrückt, was uns auf den Schultern lastet, ist jedoch nicht in erster Linie die Schuld, sondern das Vertuschen der Schuld. Hier geht es um ein Vermeiden des Hinsehens, des Annehmens der Schuld und des dafür Geradestehens, im Sinne von: ja, das habe ich getan, und ich bin bereit, zu sehen, was ich Dir damit an-getan habe. Letzteres hiesse: "Ich werde nichts ent-schuld-igen, ich werde nichts hinweg-`begöschen`*, ich werde nichts wegzumachen oder geringer-zu-machen versuchen, indem ich erkläre und/oder rechtfertige, wie es dazu kam,
was in der Regel einem *ich bin eigentlich schuld-frei* gleichkäme.

Es ist interessant, zu sehen, wieviel Schuldzuweisungen an ANDERE in solchen Erklärungsversuchen drinstecken; der Versuch, zu sagen, in Wahrheit sind die anderen schuld oder bestenfalls "die Umstände".
Nun ist es sicherlich richtig, dass es dort tatsächlich immer auch einiges zu finden gibt, was es im Zusammenhang mit einer Schuld zu sehen und zu berücksichtigen gilt, wenn wir eine Schuld/Tat verstehen wollen und wenn wir evtl. verständnis-voll reagieren wollen. Im Rechtssystem haben wir ja an dieser Stelle den Begriff der (straf-)mildernden Umstände.

* **Norddeutscher Ausdruck für verkleinern, verharmlosen, hinwegreden**

Nur ist der Umgang damit in privaten Kontakten, um die es hier in erster Linie geht, ganz besonders im Zusammenhang mit der sog. "kleinen", weil ganz alltäglichen Schuld so, dass damit ein Freispruch erwirkt werden soll. Im Sinne von: Du verstehst, wie es dazu gekommen ist, also kannst Du mir doch nicht mehr böse sein, geschweige denn, von mir verlangen, dass ich Schuld zu mir nehme. Und das erlöst in der Regel keine/n der Beteiligten, weder die, die die Tat begangen haben, noch die, denen sie angetan wurde. Es bleibt meist auf beiden Seiten ein ungutes Gefühl zurück. Ein guter Grund, zu verdrängen, um dann später an anderer Stelle, scheinbar unbegründet, Schuldgefühle zu haben.
Interessant ist in diesem Zusammenhang auch, dass denjenigen, denen etwas angetan wurde, sobald sie verstehen (müssen), kaum noch Raum bleibt, mit ihrer Empörung, ihrer Verletzung, ihrem Schmerz gesehen zu werden. Und entsprechend wird meist auch bereits das Bedürfnis nach diesem "gesehen werden" verdrängt, es wird sich selbst nicht mehr erlaubt.
So sehen oft beide nicht (mehr) hin, und beide bleiben zurück mit dem Gefühl, dass mit dem Thema Schuld "nicht gut Kirschen essen" ist, und dass es keinen befriedigenden, d.h., erlösenden, entlastenden Umgang damit zu geben scheint. Was möglicherweise auf beiden Seiten einen guten Boden bildet für neue schuldhafte Taten.
Aus diesem circulus vitiosus (Teufelskreis) auszubrechen, scheint nicht einfach zu sein, oder schlicht nicht möglich.

Wir haben jedoch herausgefunden,
es ist möglich
und es ist auch einfach !

Es gibt einen Weg, mit Schuld klärend (sprich klar), nüchtern, sachlich und aufrichtig umzugehen. Ohne sich in Schuldgefühlen und Schuldzuweisungen, in Anklagen und Selbstanklagen zu verlieren. Und dabei zu erfahren, dass Lasten von den Schultern fallen, dass ich mir selbst und anderen wieder klar in die Augen sehen kann, dass ich mich befreit und erlöst fühle. Und dies, ohne die Schuld/Tat wegzumachen.

Bevor ich zu diesem "etwas anderen Weg", mit Schuld umzugehen komme, möchte ich noch kurz auf eine meiner Meinung nach ebenfalls sehr typische Schuldabwehr eingehen.
Hierbei handelt es sich um die Reaktion der Mitmenschen, wenn ihnen jemand tatsächlich bekennend, sprich ehrlich, mit einer Schuld gegenübertritt.
Nehmen wir das Beispiel eines Menschen, der in seiner Arbeit einen möglicherweise folgenschweren Fehler gemacht hat. Er kommt nun zu den Kolleginnen und Kollegen und äussert dies mit allen Anzeichen der Angst, Beschämung, Zerknirschung und offensichtlichen Schuldgefühlen. Und die KollegInnen reagieren "tröstend" mit Äusserungen wie: "Ach, ist doch gar nicht so schlimm", oder "das muss doch gar keiner merken" oder "mach Dich doch nicht so fertig deswegen". Oder sie reagieren vielleicht gar mit Angeboten, das Ganze zu vertuschen. Dies geschieht vordergründig ganz sicher in dem wohlgemeinten Bestreben, ihn zu schützen, ihn zu ent-schuld-igen, zu ent-last-en.
Interessanterweise wird all das, wenn überhaupt, meist nur kurzfristig als Erleichterung erlebt, nahezu nie jedoch als wirkliche Entlastung. Nachdem wir bereits eine kurze Zeit in dieser neuen Weise gearbeitet hatten, äusserte eine Klientin in diesem Zusammenhang einmal: "Und ich wünschte mir so sehr, dass mal jemand wirklich stehen bleibt, sich mir gegenüber stellt (als Gegenüber zur Verfügung stellt)und sagt: ja, das hast Du getan, und das war nicht in Ordnung. Ohne die Schuld zu verkleinern. Und eventuell mit dem Angebot, lass uns nun zusammen schauen, was wir tun können. Das würde mich entlasten. Und mir darüberhinaus das Gefühl geben, damit nicht alleine gelassen zu sein. Denn im ersteren Fall fühle ich mich trotz aller Anteilnahme auf seltsame Weise allein."
Natürlich ist hier zu berücksichtigen, dass vermutlich diejenigen, die so bereitwillig durch Verharmlosung versuchen, uns zu entlasten, damit auch gleichzeitig einen klaren, verantwortungsvollen Umgang mit Schuld für sich selbst abwehren.
Hier wird sowohl der Kontakt zur Schuld, als auch der wirkliche Kontakt zur schuldhaften Person vermieden.
Doch all dies können wir verändern. Deshalb auf den nächsten Seiten:

DIE "ETWAS ANDERE" ART DES SCHULDUMGANGS

Wie ist nun mit Schuld anders umzugehen?

Nachdem ich mich in dieser Weise über einen langen Zeitraum mit dem Thema Schuld (natürlich auch dem meiner eigenen Schuld) beschäftigt habe, begann ich, andere Wege des Umgangs mit Schuld zu finden (zu entwickeln).
Der äussere Anlass war zunächst einmal die Vorbereitung für ein Wochenendseminar zum Thema Schuld, das ich für meine Gruppen plante.
Es gab in mir, nicht zuletzt durch die jahrelange Auseinandersetzung damit, zwar schon ein Wissen darum, wie sinnvoll und dringend notwendig es sei, das Schuldthema anders zu handhaben, doch wie tiefgreifend und segensreich diese Arbeit sich entwickeln würde, war auch für mich zu diesem Zeitpunkt noch nicht abzusehen.
Wichtig ist an dieser Stelle natürlich, dass, wenn auch das Grundgerüst dieser anderen Art des Schuldumgangs von mir eingebracht wurde, die Ergebnisse und vieles, was dann ergänzend hinzukam, ohne die Mitarbeit meiner Klientinnen und Klienten nicht denkbar wäre.
Wir haben also in der gemeinsamen Arbeit an diesem Thema gemeinsam die vielen verborgenen Schätze erst entdeckt.

Doch nun zu dem ersten Wochenendseminar:

Wenn ich mit meinen fortlaufenden, d.h., wöchentlich stattfindenden Gruppen ein Wochenende plane, gebe ich in der Regel das Thema vorher nicht bekannt, damit ein möglichst weitreichender Raum für spontane Reaktionen bleibt.
So war es also den Klientinnen und Klienten auch hier nicht möglich, sich schon vorher auf das Thema einzustellen.
Und, anders als bei anderen Themen, die meist mit Begeisterung aufgenommen werden, gab es diesmal eine deutliche Unlust bei fast allen Beteiligten, als klar wurde, worum es an diesem Wochenende gehen würde.

Es war schlagartig eine tiefe Schwere und eine klare Abwehr fast körperlich spürbar (Oh nein ! Nicht dieses Thema ! Und das soll auch noch leicht sein ? Vielleicht sogar Spass machen ?).
Zudem trat bei Einzelnen, denen ich besonders dankbar für ihre Offenheit bin, ein sofortiger Kontakt zu einer bisher versteckten, einer sorgfältig vor sich selbst und/oder anderen verschwiegenen Schuld auf.
Eine Teilnehmerin beschrieb dies als: "Es war, als ob ich plötzlich mit einem Fahrstuhl in die Tiefe sauste", eine andere reagierte auf der Körperebene mit Übelkeit, ein Mann wollte spontan den Raum verlassen.
Doch gerade diesen TeilnehmerInnen verdanken wir, dass wir sofort ganz real in das Thema einsteigen konnten.
Natürlich ist es an dieser Stelle wichtig zu wissen, dass die Teilnehmerinnen und Teilnehmer alles Menschen waren, die schon längere Zeit mit mir gearbeitet haben, sodass ein Grundvertrauen bereits hergestellt war, und die Bereitschaft, offen zu sein, und mit Aufrichtigkeit an dieses Thema heranzugehen, nicht erst erarbeitet werden musste.
Dennoch schien es dringend notwendig, folgendes vorab in aller Entschiedenheit deutlich zu machen:
Dass kein/e Anwesende/r befürchten musste, durch das Benennen, durch das Bekennen der Schuld - jedweder Schuld - dauerhaft abgelehnt zu werden. Dass niemand mit Ausschluss aus der Gruppe, mit Verachtung und Entsetzen bestraft werden würde. Oder dass gar Haltungen wie "Gott sei Dank, dass ich nicht bin wie Du" oder "Ich bin besser als Du, meine Schuld ist kleiner" oder "Mit so einer Schuld möchte ich nicht rumlaufen" das Gruppengefüge verändern würden.
Nicht zuletzt durch die bisherige gemeinsame Arbeit, aber natürlich auch durch meine Haltung dem Thema gegenüber, war deutlich, dass jede/r Einzelne auch hier mit Achtung, Liebe und Anteilnahme rechnen durfte. Und, vor allen Dingen, dass es in diesem Seminar nicht um Schuld und Strafe, nicht um Anklage und Verurteilung gehen würde.
Dies öffnete die Bereitschaft enorm.
Dennoch ist es natürlich so, dass es zunächst durchaus all diese

Reaktionen gab: tiefes Befremden, Abgestossensein, Pharisäertum etc. Doch da in unserer Arbeit grundsätzlich alle Gefühle sein dürfen, war es auch hier selbstverständlich, dass all dies zugelassen und erlebt werden sollte und durfte. Und es waren durchaus heftige Gefühle dieser Art, die zunächst auftauchten. Und auch verständlicherweise heftige Gefühle der Reaktion bei denen, die mit dieser Abwehr konfrontiert wurden, was ich durchaus begrüsste. Waren wir doch dadurch von Anfang an mitten drin in dem, wie wir alle den Umgang mit diesem Thema ganz alltäglich kennen und fürchten.
Doch im Zuge unserer Arbeit verlor sich so eine Haltung sehr schnell, und das Biblische "wer unter Euch ist ohne Schuld, der werfe den ersten Stein" griff Raum. Allerdings nicht wegen moralisch erhobener Zeigefinger, sondern wegen einer ehrlichen Hinwendung an die eigene Schuld.

Wir haben nun gemeinsam angeschaut, dass und wie Schuldgefühle, ständiger Groll - sprich, latente oder offene Schuldzuweisungen an andere -, wie Opferhaltungen - ich bin immer an allem schuld - und ähnliches in Wahrheit verhindern (sollen), dass ich mich meiner Schuld zuwende. Und wir haben herausgefunden, dass möglicherweise jede Anklage und, vor allen Dingen, jede Selbstanklage ("Oh Gott, wie schlimm bin ich, ich bin nicht wert, ein Mensch zu heissen, ich kann mich ja nie wieder sehen lassen" u.ä.) einzig und allein zum Ziel hat, *nicht hinzugucken*, nicht stehenzubleiben bei der tatsächlichen Schuld, im Sinne von:
"Ja, das habe ich getan, und das war nicht in Ordnung, und das hat Folgen gehabt, die ich jetzt bereit bin, anzusehen",
wie wir das dann später in der FÜNF-MINUTEN-HINSEH-ÜBUNG, kurz FÜNF-MINUTEN-ÜBUNG, um die es hier in allererster Linie gehen wird, durchaus gemacht haben.
Dieses Stehenbleiben, die ehrliche Hinwendung, das sachliche, nüchterne Anschauen ohne verschleierndes "Drumherum" war und ist das Hauptziel dieser Arbeit.
Es geht also um HINSEHEN und um ANNEHMEN.
Wenn dies geschieht, wenn dies wirklich geschieht, wird Freiheit auftreten, Erlösung, Entlastung.

Und daneben begegnen wir hier natürlich auch immer wieder einem tatsächlichen, oft tief empfundenen Schmerz (ohne hochdramatisches "Begleitgut"), der endlich auch zugelassen werden kann, was häufig Lasten von den Schultern nimmt. Es muss weder die Schuld noch der Schmerz über die Schuld weiterhin abgewehrt werden.
Dies öffnet meist auch die Herzen der anderen für echte Anteilnahme, ohne hinwegreden wollen/müssen der Tatsachen, und spätestens da ist dann kein Platz mehr für Pharisäertum.
Darüberhinaus wächst auch genau an dieser Stelle die Bereitschaft, Unterstützung zu geben, eine Schuld zu tragen; Unterstützung zu geben, zu einer Schuld zu stehen und mit ihr fertig zu werden.
Später wird hierauf noch genauer eingegangen.

Noch einmal: eine wichtige, unabdingbar not-wendige Voraussetzung für dieses ehrliche Hinschauen ist es, die Schuld, um die es dabei geht, von jeder Anklage *und* Selbstanklage zu befreien.
Dies war im Anfang, neben aller Sehnsucht danach, für viele eine Hürde, da wir es so sehr gewohnt sind, Schuld und Strafe als zusammengehörig zu sehen. Wenn dies der Fall war, haben wir darauf hingewiesen, dass jenseits der nüchternen Schuld-Schau, wie sie in der **FÜNF-MINUTEN-ÜBUNG** beschrieben wird, so es dann noch gewünscht sei, dafür jede Menge Zeit und Raum zur Verfügung stünde. Dies wurde durchaus auch des öfteren in Anspruch genommen .
Unsere Art der Schuldarbeit setzt Ehrlichkeit voraus, und es kann nicht der Sinn sein, so zu tun, als hätte ich das Bedürfnis nach Anklage und Selbstanklage nicht mehr, wenn es mir in Wahrheit noch ganz tief "in den Knochen sitzt". Da ist es also wirklich wichtig, diesen Gefühlen ausreichend Raum zu geben. Raum natürlich auch für alles, was sonst noch jenseits des nüchternen HINSEHENS auftaucht.

Doch kommen wir nun auf den folgenden Seiten zu dem, was uns den Einstieg in die **FÜNF-MINUTEN-ÜBUNG** erleichtert hat, nämlich zur
SCHULDLISTE
und zur VORBEREITENDEN DREI-STUFEN-ÜBUNG.

DIE SCHULDLISTE

Um sich überhaupt den Weg zu einer ehrlichen Schau auf die eigene Schuld - auf jede eigene Schuld, egal wie gross oder klein sie sein mag, zu öffnen, ist es sinnvoll, zunächst einmal ganz schlicht eine Schuldliste zu erstellen.
Wir haben uns dazu 1o Minuten Zeit genommen (nicht mehr!).
In dieser (absichtlich begrenzten) Zeit sollte eine Liste von mindestens 2o Situationen stichwortartig erstellt werden, in denen ich einem anderen Menschen gegenüber etwas getan habe, von dem ich weiss, dass das nicht in Ordnung war.
Diese Liste haben wir die Schuldliste genannt.
Im Anfang fiel es einigen durchaus schwer, sich an zwanzig Situationen (aus Gegenwart und Vergangenheit) zu erinnern, sodass die Liste zunächst wesentlich kürzer wurde. Andere dagegen hatten am Ende der 1o Minuten weit mehr als 2o Aussagen (bis zu 35) auf ihrer Liste, und es war deutlich, dass sie noch grösser werden würde. In der Regel wird die Liste durch das Beschäftigen mit dem Thema schnell länger. Oft sehr zum Erstaunen der Beteiligten.
Auch hier ist es wichtig, nicht zu bewerten, sondern einfach die Möglichkeit offen zu lassen, die Liste jederzeit zu vervollständigen.
Nützlich schien es uns, den Aussagen im Anschluss an die 1o Minuten eine "Hierarchie" zu geben. So haben wir noch einmal genauer nachgespürt, welche Situation wir als am stärksten belastend empfinden, und welche als vergleichsweise eher "harmlos", und haben dies durch Durchnumerierung deutlich gemacht.

Bevor wir nun aufzeigen, wie so eine Schuldliste aussehen könnte, möchte ich noch kurz etwas zu der obigen Vorgabe "egal, wie gross oder klein die Schuld sein mag" sagen:
Es war mir von Anfang an wichtig, deutlich zu machen, dass es in dieser Arbeit nicht nur um die sog. grossen (weil allgemein anerkannten) Schuldthemen wie Raub, Mord, Vergewaltigung, Missbrauch etc. gehen würde, sondern auch und gerade um all das unerkannte, einfach hingenommene, weil ganz "alltägliche" und oft auch legalisierte Schuld haben. Letzteres macht es oft schwer, hier überhaupt etwas als Schuld (an-)zuerkennen.

So könnten auf einer Schuldliste neben den bereits erwähnten folgende Themen auftauchen:

SCHULDLISTE

Ich habe meinen Bruder/meine Schwester oft gequält, weil ich ihn/sie eigentlich weghaben wollte.

Ich habe mein Kind nicht geschützt, als andere sich über es lustig machten, sondern es damit allein gelassen. Und es zusätzlich noch mit Verachtung gestraft, weil ich mich geschämt habe, "so ein Kind" zu haben.

Ich habe meine schwerkranke Nachbarin nie besucht, weil es mich ja nichts anging und sowieso genug Leute da waren, die sich um sie kümmerten. Und ich hatte ja auch selbst immer soviel am Hals.

Ich habe von meinem Kind erwartet/verlangt, dass es so wird, wie ich es haben wollte, damit es mein Prestige erhöht.

Ich habe meine Mutter grundsätzlich schlecht gemacht, damit die Leute sahen, wie gut ich im Gegensatz zu ihr bin.

Ich habe meinen Vater verachtet, weil er kein Vorzeige-Vater war.

Ich habe die innere Not eines Freundes nicht sehen wollen und stattdessen gegen ihn gekämpft, da er mir ja soviel Böses angetan hatte, und ich mich im recht fühlte.

Ich habe aus dem gleichen "guten Grund" Hilfsapelle von vielen Menschen überhört, da ich mit rechthaben beschäftigt war.

Ich habe mit schlauen Tricks meinen Geschwistern ihren Erbteil geschmälert und mich bereichert.

Ich habe Nachbarn angezeigt, nur, "um ihnen eins auszuwischen".

Ich habe meine Eltern verachtet, weil sie unintelligenter waren als ich.

Ich habe geholfen, einen Kollegen/Mitschüler fertigzumachen, weil es so richtig schien - der war ja auch so blöd.

Ich habe jemanden "ein wenig" bestohlen, und fand, das ist ja nicht so schlimm.

Ich habe als Gynäkologe Schwangerschaftsabbrüche vorgenommen.

Ich habe meine Mutter in ihrem Sterben allein gelassen, weil sie es "nicht besser verdiente", nach dem, "was sie mir angetan hat".

Ich habe meine Frau in der Schwangerschaft allein gelassen.

Ich habe meiner Schwester auf ihren Wunsch hin Sterbehilfe geleistet, nicht nur aus Menschlichkeit, sondern, weil ich mich an ihr rächen wollte. Es war ein Triumph für mich. Ein Sieg über sie.

Ich habe schlecht über andere geredet, ohne, dass sie sich verteidigen konnten.

Ich habe meine Kinder nie in den Arm genommen, weil ich meinte, dass sie das verzärtelt.

Ich habe eine Kollegin (unerkannt) denunziert, weil ich ihren Posten haben wollte. Und diese Frau hat sich dann das Leben genommen. Und niemand weiss, dass ich etwas damit zu tun habe.

Ich habe mich überheblich über Süchtige gestellt, weil die sich ja schliesslich zusammennehmen könnten.

Ich habe meine Tante in der Verwandtschaft wegen eines Streits so schlecht gemacht, dass keiner mehr etwas mit ihr zu tun haben wollte. Sie haben halt alle mir mehr geglaubt als ihr. Und es war nicht wahr.

usw. usw. usw. ....

Wie in der Einleitung bereits erwähnt, ist es natürlich unbedingt so, dass diese Liste nicht allgemeingültig das ausdrückt, was etwa ich (als Autorin) oder andere, oder gar die "Allgemeinheit" als verwerflich empfinden und als Schuld benennen würden. Und es geht hierbei auch auf keinen Fall darum, etwa eine neue Moral zu erstellen oder gar eine alte zu bestätigen. Diese Liste entsteht aus Subjektivität, sie spiegelt nur das, wie jede/r einzelne von uns ganz persönlich bewertet, was er oder sie in ihrem Leben getan oder nicht getan hat. An manchen Stellen wurde überhaupt erst durch das so intensive Beschäftigen mit dem Thema (z.B. in der hier vorgeschlagenen Weise) deutlich, dass jemand eine bestimmte Situation als Schuld abgespeichert hat.
Mir und anderen ging es jedenfalls immer mal wieder so, dass ich bei diesem oder jenem nie gedacht hätte, dass ich dies (noch) als "unerledigte" Schuld in mir trage.
Und sicherlich zählt es zu einem der wunderbarsten Ergebnisse dieses ehrlichen die-Schuld-Anschauens, dass ich lerne, "die Spreu vom Weizen zu trennen". Das heisst, wenn ich bereit bin, wirklich zu dem zu stehen, was ich an "Ungutem" getan habe, kann ich sehr viel leichter, und vor allem klarer, Schuldzuweisungen von anderen an mich, wo sie nicht gerechtfertigt sind, zurückweisen. Ich lasse mir keine Schuldgefühle mehr machen, wo ich keine Schuld habe.

Die SCHULDLISTE öffnet also bereits den Weg zu dieser ehrlichen Hinwendung, die VORBEREITENDE DREI-STUFEN-ÜBUNG ebnet ihn vielleicht ein wenig, da sie noch im Kontakt mit anderen stattfindet, und in der **FÜNF-MINUTEN-ÜBUNG** sind wir dann beim wirklich tiefen *Anschauen* der Schuld angekommen. Wir werden alle Facetten einer Schuld beleuchten und somit die Chance haben, mit ihr künftig wirklich unbelastet leben zu können.

Kommen wir also jetzt zu der
VORBEREITENDEN DREI-STUFEN-ÜBUNG,
in der es darum geht, drei Sätze zu hören, und zu erfahren, was in meinem Innern in Bezug auf meine Schuld geschieht, wenn ich diese Sätze voll erlebe.

VORBEREITENDE DREI- STUFEN- ÜBUNG

In diesem, wie auch in künftigen Kapiteln, sind persönliche Anmerkungen dazu jeweils versetzt gedruckt.

Wie bereits erwähnt, geht es hier darum, im Kontakt mit einem anderen Menschen drei Aussagen zu erfahren, in denen ich spüren kann, wie es ist, wenn mit meiner Schuld nüchtern, sachlich und annehmend umgegangen wird. Und dies, ohne die Schuld zu verkleinern, zu verharmlosen oder hinwegzureden, und vor allem, ohne Anklage und Strafandrohung.

Diese drei Aussagen sind:

ICH SPRECHE DICH NICHT FREI VON DEINER SCHULD

ICH NEHME DIR DIESE SCHULD NICHT AB

und

ICH BIN BEREIT, DIESE SCHULD MIT DIR ZU TRAGEN.

Wir haben diese Sätze sowohl im Zweierkontakt als auch als Gruppenerfahrung erlebt, und ich werde jetzt im einzelnen als Anleitung beschreiben, wie dieses aussehen kann.

Zunächst den *Zweipersonen - Kontakt*:

Hier erfahre ich also, dass ein Mensch nicht vor mir und/oder meiner Schuld davonläuft, sondern sich mir als Gegenüber zur Verfügung stellt und mir dadurch Unterstützung gibt, selber auch nicht mehr davonzulaufen.
Wir haben somit Person A und Person B.

Person A *ist bereit, diese drei Aussagen im Zusammenhang mit einer bestimmten Schuld zu erfahren.*

Person B *ist bereit, diese drei Sätze ehrlich zu sagen.*

A und B stellen sich aufrecht (aufrichtig) einander gegenüber und beide sehen sich klar in die Augen.
Jetzt geht A in tiefen inneren Kontakt mit dieser Schuld.
Dazu kann A die Augen schliessen, B lässt die Augen geöffnet.
Sobald dieser Kontakt hergestellt ist, öffnet A die Augen, schaut B wieder klar an *und spricht diese Schuld aus* !
Das geschieht entweder laut (in den Kontakt zu B hinein)
oder im Stillen *deutlich* vor sich selbst.
Diese Entscheidung ist absolut freigestellt, doch ist es wichtig, dass auch im Stillen (für sich) die Schuld wirklich benannt wird, so, als ob ich sie jemandem sagen würde.

> Die meisten TeilnehmerInnen haben gefunden, dass das laute Aussprechen, d.h., in ein Gegenüber hinein (ein Mensch hört mich), entlastender ist. Dennoch liegt mir hier daran, dass kein (Gruppen-)Druck entsteht, sondern dass die Freiwilligkeit geglaubt wird, und der Schutz des (noch?) darüber Schweigens gewählt werden kann. *Und*, dass dies ohne Bewertung geschieht (die, die es laut sagen, sind nicht besser oder gar "weiter", als die, die es nicht aussprechen).

Ist die Schuld, um die es geht, benannt (die "Stillen" machen dies durch ein Handzeichen oder Kopfnicken deutlich) sagt B klar und sachlich, und ohne überflüssigen Gefühlsausdruck:

ICH SPRECHE DICH NICHT FREI VON DEINER SCHULD

ICH NEHME DIR DIESE SCHULD NICHT AB

und (hier ist eine kleine Pause von 1 - 2 sec. sinnvoll)

ICH BIN BEREIT, DIESE SCHULD MIT DIR ZU TRAGEN

Bei der dritten Aussage ist ein leichter Körperkontakt (B legt eine Hand auf Arm, Schulter oder Brustkorb von A) als Hilfe zum "ankern", zum wirklich tief spüren, unterstützend.

Das *Vorgehen in der Gruppe* braucht noch einige ergänzende Erläuterungen:

Die Gruppe sitzt im engen Kreis zusammen (nach Möglichkeit am Boden). Sitzen ist hier sinnvoller, zum einen, weil es länger dauert, zum anderen, weil es geschützter, "nestiger" ist.

Person A setzt sich in die Mitte des Kreises
und sucht sich einen Menschen aus der Gruppe heraus, der/die dann als Person B ihr Gegenüber ist. Dies ist wichtig, weil auch hier Blickkontakt gemacht werden soll, während die Schuld benannt wird. Person B bleibt aber, als Teil der Gruppe, im Kreis sitzen.
Jetzt wird vorgegangen wie im Zweierkontakt:
Mit geschlossenen Augen Kontakt zur Schuld herstellen, mit offenen Augen laut oder im Stillen die Schuld benennen.
Sobald die Schuld ausgesprochen oder das Handzeichen erfolgt ist, werden die Sätze von der ganzen Gruppe gemeinsam gesagt. Und zwar spricht jede/r in der Ich-Form (also nicht: *wir* sprechen Dich nicht frei....). Sinnvoll ist hier, dass B "die Regie übernimmt", d.h., ein Startzeichen gibt und auch die Pause nach dem **und** bestimmt.
Während der dritte Satz gesprochen wird, legen alle gemeinsam eine Hand an den Körper von A (Rücken, Arme, Schultern, Seiten, Beine - *behutsamer* Körperkontakt).

So wird, häufig erstmalig, *erfahren*, dass es möglich ist, **jede** Schuld nicht abgenommen, sondern anteilnehmend mitgetragen zu bekommen, was meist als sehr er-lösend erlebt wird.
Besonders im Gruppenritual wird dies oft als überwältigend entlastend beschrieben, als: "ich habe diese Schuld, doch bin ich deshalb nicht anders, nicht weniger wert als alle anderen."
Und, da es wohl so ist, dass mir *Niemand* eine Schuld abnehmen, geschweige denn, mich von ihr freisprechen kann, jedenfalls kein

Mensch, allenfalls evtl. eine göttliche Instanz (darüber wird später, im Abschnitt ZUM VERZEIHEN noch mehr gesagt werden), ist es wirklich wunderbar, zu erleben, dass jemand mich nicht verurteilt, sondern mitträgt.

Was heisst nun
ICH BIN BEREIT, DIESE SCHULD MIT DIR ZU TRAGEN ?

Zunächst:
Um diese Sätze, besonders Satz 3, wirklich ehrlichen Herzens sagen zu können, muss sicherlich Person B auch selbst bereit sein, Kontakt zu *eigenem* schuldhaften (die Schuld haftet an) Verhalten zu machen, wenn auch nicht während der Übung selbst, da ist B einfach für A da, so doch grundsätzlich. Dies schafft die Voraussetzung, sich als Gegenüber nicht in Gefühlen des Entsetzens und der Abwertung, oder gar der Abwehr zu verlieren, sondern schlicht, mit Anteilnahme und Achtung für A dazusein.

ICH BIN BEREIT, DIESE SCHULD MIT DIR ZU TRAGEN
heisst:

Ich bin bereit, Deine Schuld *nicht wertend* anzuhören
Ich bin bereit, offen zu sein für Deinen Schmerz
Ich werde Dich unterstützen
nicht in Selbstanklagen zu versinken
sondern dazubleiben, und sachlich, klar und nüchtern draufzuschauen
Und
ich bin vor allen Dingen bereit, Dich nicht zu *verurteilen*
sondern bei Dir zu sein
bei allem, was im Zusammenhang mit dieser Schuld auftaucht
Ich werde Dich unterstützen
aufrichtig zu bleiben
Und
ich werde es nicht zulassen, dass Du mit Rechtfertigungen und Erklärungen versuchst, Deine Schuld kleiner zu machen
Ich werde Dir ein wirkliches Gegenüber sein

Hier noch einmal eine kurze Zusammenfassung der Voraussetzungen für diese Übung:

Es braucht eine Person A,
die bereit ist, eine neue Erfahrung im Zusammenhang mit *einer* Schuld zu machen.
Und eine Person B (bzw. eine Gruppe incl. Person B)
die ehrlichen Herzens bereit ist, diese drei Sätze zu Person A zu sagen.
Person B sollte hier wirklich gründlich nachfühlen, ob sie die Bereitschaft, besonders zu dem dritten Satz, auch tatsächlich hat. Dies ist ganz besonders wichtig, wenn die Übung im privaten Rahmen, ohne erfahrene Begleitperson, stattfinden sollte.
In Selbsterfahrungs- oder therapeutischen Zusammenhängen können, *wenn alle Beteiligten einverstanden sind*, die Sätze sowohl von der Person B, als auch von der Gruppe, oder Teilen der Gruppe, auch ohne tiefe Bereitschaft gesprochen werden. Hier ist dann das Ziel, einfach einmal grundsätzlich zu erfahren, wie es ist, diese Sätze gesagt zu bekommen.

DIE ERLAUBNIS

Nun bin ich bereits durch die Beschäftigung mit der Liste und durch die anschliessende Erfahrung mit der DREI-STUFEN-ÜBUNG mitten drin in dem Prozess des aufrichtigen Schuldumgangs. Und ganz sicherlich ist bis hierhin auch schon eine Fülle an Material aufgetaucht, das, als dazugehörend, angeschaut werden will.
Unserer Erfahrung nach sind es vor allen Dingen *Schuldgefühle*, die zu diesem Zeitpunkt an die Oberfläche drängen.
So habe ich mir also angeschaut, was in diesen sog. Schuldgefühlen möglicherweise alles enthalten ist.
Hier entsteht bei *einzelnen*, manchmal bereits bei Erstellen der Liste, der Eindruck von Unbewältigbarkeit - angesichts so eines "Berges" von Schuld.
Der Eindruck von Überlast, von Bedrohung führt zu Gefühlen von

Angst, Hoffnungslosigkeit, Resignation, Aussichtslosigkeit. Es scheint nicht möglich, jemals damit fertigzuwerden. Ich möchte den Kopf in den Sand stecken, weglaufen, aufgeben.

Dies ist in der Tat für viele ein *nicht leichter* Moment, und es ist anzunehmen, dass es u.a. genau diese Eindrücke sind, die uns bislang davon abgehalten haben, uns wirklich erlösend mit unserer Schuld zu befassen.
Doch wir haben erfahren, dass die Art des Schuldumgangs, wie sie hier beschrieben wird, durchaus über weite Strecken leicht und vor allen Dingen er-leicht-ernd ist.
Allerdings ist auch und gerade die Bedingung des *nüchternen* Umgangs, um den es dabei geht, immer mal wieder eine Hürde für einige. Und es scheint nicht vorstellbar, dass dies zu leisten ist: all den behindernden Ballast beiseite zu lassen.
Da treten dann vor allen Dingen Befürchtungen auf, dass ich all die begleitenden Gefühle, die so sehr zu dem Begriff Schuld zu gehören scheinen, nicht mehr haben darf.

Ich *meine* also, ich darf nicht mehr:

- Mich rechtfertigen

- Schuldhintergründe erklären

- Andere anklagen

- Jammern

- Mich ent-schuld-igen

- Der Überzeugung sein, dass die anderen schuld sind oder dass sie auf jeden Fall mehr schuld sind als ich

- Jemals wieder neue Schuld auf mich laden

- Mich voller Entsetzen über meine Taten fühlen

- Mich als Opfer sehen

- Selbstmitleid haben

- Mir etwas vormachen

- Überzeugt davon sein, dass ich unschuldig bin

- Glauben, dass ich ein guter Mensch bin

- Anderen jemals wieder gerade in die Augen gucken

- Es leicht haben

- In (Seelen-) Ruhe leben

- Gleichgültig sein

- Achtlos sein

- Spass haben im Leben

- Verzeihung erhoffen

- etc. etc. etc.

Noch einmal, es geht bei dieser Aufzählung darum, dass wir befürchten, dass all jene Gefühle in uns nicht mehr sein dürfen, sobald wir uns *nüchtern* und *klar* unserer Schuld zuwenden.

Doch natürlich darf all dies unbedingt weiterhin sein.
Und, soweit es sich auf die Arbeit mit mir bezieht, wird für all dies und noch mehr auch weiterhin Platz gegeben.
Platz zum: jammern, anklagen, selbstanklagen, zum leugnen, wüten,

verleugnen und wehklagen, zum schreien, weinen und toben, für Selbstmitleid, für Erklärungen und für Verdrängen (sprich: sich schützen).
All dies sind Gefühle, die wir haben,
und die wir genau deshalb auch haben dürfen.
Eine Lieblingsaussage von mir ist:
"DU HAST EIN UNBEDINGTES RECHT AUF ALLE DEINE GEFÜHLE, EGAL, OB SIE GERECHT SIND."
Unsere Gefühle sind ein Teil von uns.
Und sind deshalb *wir*.
Sie nicht haben zu dürfen heisst, nicht da-sein zu dürfen,
nicht dasein zu dürfen, ganz und gar, wie wir sind und ohne Einschränkung.
Und das ist das Gegenteil von dem, was ich in meiner Arbeit anbieten möchte. Vielmehr weiss ich, dass ein Wegdrücken (weil nicht oder *nicht mehr* haben dürfen) von Gefühlen, *von Teilen von uns*, die Geborgenheit, die wir finden, wenn wir uns GANZ fühlen, zerstört. Und ich vermute, dass dies u.a. auch den Boden bereitet für neue Schuld.
Es ist also wichtig, dass die vorbereitenden Übungen, und natürlich unbedingt auch die **FÜNF-MINUTEN-HINSEH-ÜBUNG**, zu der ich jetzt gleich kommen werde, eingebettet sind in ganz viel Freiraum für alles, was ausserhalb der Übungen, und durch sie, auftaucht.
Dies verhindert, dass sich neue Knoten bilden, dass Unlustgefühle gegenüber den Übungen entwickelt werden, dass sich statt Leichtigkeit Schwere einstellt, was nun wirklich das Gegenteil von dem wäre, was an positiven Möglichkeiten in dieser Arbeit steckt.

Deshalb ist es sinnvoll, wenn nicht gar unbedingt notwendig, dass zumindest die ersten Kontakte zu dieser anderen Art des Umgangs mit Schuld in einem geschützten, akzeptierenden, unterstützenden Rahmen mit einer erfahrenen Begleitperson stattfindet.

Die Begleitperson braucht mit Sicherheit viel Erfahrung im Umgang mit *eigener* Schuld und darüberhinaus die tiefe Sicherheit, dass, was

auch immer als Schuld auftaucht, von ihr ohne Befremden, sondern mit wertfreier Akzeptanz angenommen und bearbeitet werden kann.
Immer mal wieder bewege ich in diesem Zusammenhang auch den Gedanken, ob nicht möglicherweise jede Therapie und jede Selbsterfahrungsarbeit da ihre Grenzen hat, wo nicht dieses Thema (der eigenen Schuld, bezogen auf ein ganzes Leben) konsequent und aufrichtig mit hinzugenommen wird. Dies gilt durchaus auch für meine eigene bisherige Arbeit - an mir und mit anderen.
Und nicht jede/r BeraterIn/TherapeutIn wird sich in dieser tiefgehenden und er-lösenden Art und Weise mit dem Thema Schuld auseinandergesetzt haben. Ich jedenfalls habe erst nach vielen, vielen Jahren der eigenen Therapien (einschliesslich über 7oo Stunden Psychoanalyse) und der Arbeit mit meinen Klientinnen und Klienten den Weg dahin und die Bereitschaft dazu gefunden.

Doch komme ich nun zu der Übung, um die es in diesem Erfahrungsbericht in allererster Linie gehen soll, weil es die ist, die sich am selbstverständlichsten mit in den Alltag nehmen lässt, und vor allen Dingen die ist, die die tiefgreifendsten Veränderungen bewirkt.

Im Gegensatz zu der DREI-STUFEN-ÜBUNG, bei der das Wichtige ist, dass sie im Kontakt mit einer *real anwesenden* Person erlebt wird, ist die **FÜNF-MINUTEN-ÜBUNG** eine, *die Alleinsein voraussetzt*. Das heisst, es ist wichtig, dass ich wirklich allein und ungestört bin, während ich diese Übung mache.
Hier findet der Kontakt *im Innen* (vor meinem inneren Auge) statt. Und zwar geht es dabei jeweils gezielt nur um *einen* Menschen, demgegenüber ich Schuld habe, die ich nun bereit bin, aufrichtig anzuschauen. Und ich schaue sie mir in allen ihren Facetten an. Ich habe dazu ausreichend Zeit, auch, wenn die Übung selbst mit nur **täglich fünf Minuten** ehrlicher Hinwendung auskommt. Ich brauche also nicht mehr als täglich fünf Minuten, und das auch möglicherweise nur zehn Tage lang (später sogar nur sieben), um meine Schuld diesem einen Menschen gegenüber so zu bearbeiten, dass ich künftig in Frieden mit ihr leben kann.

Doch hier nun die Übung selbst

DIE FÜNF - MINUTEN - HINSEH - ÜBUNG

DIE ANLEITUNG

(Auf mit ** versehene Aussagen wird in den
ERGÄNZENDEN ERLÄUTERUNGEN **und auch in den**
ALLGEMEINEN HINWEISEN **jeweils noch genauer eingegangen).**

Ich nehme mir täglich fünf Minuten** (nicht mehr !) Zeit, um mir meine Schuld *einem* Menschen gegenüber anzusehen, und zwar mindestens zehn Tage lang.
Später, wenn ich diese Übung bereits mit mehreren Menschen gemacht habe, d.h., an sie gewöhnt bin, kann ich diese "Start-Zeit" auf sieben Tage reduzieren.

Ich teile dies einem Menschen meines Vertrauens (oder der Gruppe) mit, im Sinne eines Versprechens, *für das ich eine Zeugin, einen Zeugen habe*, und zwar z.B. folgendermassen:

"Ich werde mich von morgen an zehn Tage lang mit meiner Mutter (o.a.) treffen und mir meine Schuld ihr gegenüber ansehen."

Der/die AnsprechpartnerIn antwortet:
"O.k., ich habe Dich gehört" (in Gruppe: wir haben dich gehört).

Es kann natürlich auch ein anderer Zeitpunkt des Beginns genannt werden. Wichtig ist hierbei, die Treffen finden vor meinem inneren Auge statt. Ich treffe mich also nicht real mit diesen Menschen, was bedeutet, dass ich diese Übung sowohl mit noch lebenden, als auch mit bereits gestorbenen** Menschen machen kann.

Diese fünf Minuten täglich halte ich **unbedingt** ein! Wenn nötig, mache ich mir Erinnerungshilfen (roter Punkt an Zahnputzglas o.ä.), um nicht "aus Versehen" einen Tag auszulassen.

Als Hilfe zum unbedingten Einhalten empfehle ich, sich vorzustellen, ein *tatsächliches* Treffen verabredet zu haben, und der/die würde umsonst auf uns warten, wenn wir die Verabredung nicht einhalten.

Ich sitze diesem Menschen aufrecht = aufrichtig** gegenüber, mache vor meinem inneren Auge Kontakt mit ihm/ihr und sage
(am besten laut oder halblaut) folgende Worte:

"ICH HABE SCHULD DIR GEGENÜBER, UND ICH BIN BEREIT, DIES JETZT ZU SEHEN" **

Was heisst, ich bin *jetzt bereit*, zu sehen, was ich Dir angetan habe.

Und, ich "sehe" wirklich hin.**

Alles, was nicht dem nüchternen Hinschauen entspricht, lasse ich los, sobald es auftaucht (ähnlich wie bei Meditation: ich nehme es wahr, ohne es zu bewerten und lasse es gehen).

Dies heisst:
alles, was im Zusammenhang mit der Schuld auftaucht, schaue ich mir an als das, *was es ist*. Alles, was nicht zur Schuld gehört, lasse ich gehen. Dafür ist möglicherweise jenseits der 5 Minuten jede Menge Platz.

Ich wiederhole den Satz :
"ICH HABE SCHULD DIR GEGENÜBER, UND ICH BIN BEREIT, DIES JETZT ZU SEHEN"
während der fünf Minuten immer wieder.

Sollte "gar nichts" sonst auftauchen (ich sehe nichts - ich fühle nichts), wiederhole ich den Satz einfach die ganzen fünf Minuten lang und bekunde damit meine Bereitschaft.

Am Ende der fünf Minuten

> Eine Eieruhr, in einem anderen Raum aufgestellt (sonst stört das Ticken), hilft hier

bedanke ich mich bei meinem Gegenüber, dass er/sie gekommen ist,

> Hierbei ist es gleichgültig, ob ich sie vor meinem inneren Auge gesehen habe oder nicht

UND BEENDE DAMIT DIE ÜBUNG.

Wichtig !
Ich gebe nie auf !
Was auch immer geschieht oder nicht geschieht, ich halte mich an mein Versprechen, und bleibe die ganzen fünf Minuten mit der Bereitschaft dieses Satzes da.

FÜR DEN REST DES TAGES
23 STUNDEN UND 55 MINUTEN
HABE ICH FREI
VON DIESEM THEMA
(so ich will)

Hier noch ein paar
ERGÄNZENDE ERLÄUTERUNGEN,
die vielleicht zum Gesamtverständnis nützlich sind

Zunächst ist es wichtig, zu wissen,
in *diesen* fünf Minuten *geht es nicht um Sie*, wenn auch die Übung selbst letztlich Ihrem inneren Frieden dient, sondern es geht jeweils um diesen einen Menschen, demgegenüber Sie Schuld haben.

Warum "nur" fünf Minuten?
Ich glaube, dass die meisten von uns gewöhnlich zu sehr beschäftigt und/oder zu sehr belastet sind, vielleicht nicht zuletzt durch unerledigte Schuld, um bereit zu sein, mehr als fünf Minuten unserer Zeit, unserer Energie, unserer Aufmerksamkeit täglich stressfrei herzugeben (zu opfern?). Dies gilt selbst bei einem so begrenzten Zeitraum, wie er hier beschrieben ist.
Da ich will, dass diese Übung nicht schwer sein soll (sie soll uns nicht beschweren), und wir sie möglicherweise auch mal über einen längeren Zeitraum als 1o Tage machen wollen, sind beispielsweise 15 Minuten täglich schon eine Überforderung. Entsprechend ist die Gefahr, dass sich bald Unlustgefühle einstellen, gross.
Fünf Minuten täglich ist *wirklich nicht viel.*
Also wirklich nur 5 Minuten ! Machen Sie nie länger ! Halten Sie sich an die Zeitvorgabe, auch, wenn es gerade ganz spannend, wichtig, oder "so schön" sein sollte, dass Sie gerne länger dabeibleiben möchten.
"Treffen" Sie sich auch nicht *zweimal* täglich mit diesem Menschen.
Täglich fünf Minuten - und sonst nichts !!
Und machen Sie die Übung auch auf gar keinen Fall mit zwei verschiedenen Personen an ein und demselben Tag (z.B. mit der Mutter morgens, mit der Schwester abends), selbst, wenn die Versuchung noch so gross sein sollte, möglichst viel in kurzer Zeit zu erledigen. Darum kann es hier nicht gehen.
Machen Sie diese Übung in der vorgegebenen Zeit (1o bzw. 7 Tage)

immer nur mit *einem* Menschen.
Und geben Sie sich wirklich Ruhe und einen geschützten Rahmen dafür.

Hier deshalb jetzt noch ein paar Angaben über
DAS ÄUSSERE SETTING der Übung:

1)
Sorgen Sie dafür, dass sie ungestört sind,
d.h., dass kein Telefonklingeln, keine Kinder, und auch sonst niemand Sie stört. Sollten Sie Kleinkinder haben, sorgen Sie wirklich dafür, dass sich in diesen 5 Minuten jemand um sie kümmert. Machen Sie die Übung nie, während das Kind schläft, in der Hoffnung, es wird schon nicht aufwachen, und sorgen Sie auch dafür, dass keine Haustiere Sie stören können.
Selbst, wenn es in dieser Zeit an der Haustür klingeln sollte - ignorieren Sie es ! Lassen Sie sich durch nichts und niemanden von dem ungestörten Einhalten der 5 Minuten abbringen.
Bitte gehen sie auf keinen Fall "luschig" damit um. Also nicht mit der Haltung: "Ach, ich kann ja mal kurz ans Telefon gehen, um zu sagen, dass ich gleich zurückrufe, ich mache ja dann sofort weiter mit der Übung."

2)
Das Gleiche gilt auch für das *tägliche* Einhalten der 5 Minuten.
"Vergessen" Sie es nie !
Seien Sie auch da nicht acht(ungs)los im Sinne von : "Ach, das ist ja nicht so schlimm, dann mach ich eben morgen zweimal, oder ich mach insgesamt einen Tag länger!" Bitte nicht !!
Dass es so wichtig ist, sich an die Vorgaben zu halten, hat einen ganz schlichten Grund : von dem sorgfältigen Einhalten der Anleitung hängt ganz entscheidend das Ergebnis ab.

Im Anfang, nach Einführung der Übung im Wochenendseminar, war dies hin und wieder

Thema bei einzelnen TeilnehmerInnen. Aussagen wie: "Das macht mir Stress, ich will keinen Druck, da fühle ich mich ja gezwungen, unfrei" etc., machten dies deutlich.
Meine Antwort ist hier: "Niemand zwingt Dich, diese Übungen zu machen. Sie sind ein Geschenk an Dich, und Du bist absolut frei, es anzunehmen, oder nicht. Doch *wenn* Du dich *dafür* entscheidest, bist Du von diesem Augenblick an nicht mehr frei, damit nach eigenem Gutdünken umzugehen. Die innere Haltung, die Übung mit Achtung und Sorgfalt zu behandeln, ist einfach das, was notwendig ist, wenn Du mit Deiner Schuld künftig in Frieden leben willst.
Ansonsten mach sie einfach nicht."

3)
Doch auch die Körperhaltung, um die es jetzt gehen wird, trägt entscheidend zum Ergebnis bei:

Setzen Sie sich *aufrecht* über der Körpermitte hin,
entweder im Schneidersitz, im Meditationssitz oder auf einen Stuhl, oder was Ihnen sonst am vertrautesten ist.

Ich persönlich bevorzuge das Sitzen auf einem Stuhl mit gerader Lehne. Dies, wie auch die gerade nebeneinander abgestellten Beine, hilft, die aufgerichtete Haltung beizubehalten, und die Füsse haben Kontakt zum Boden.

Wichtig ist hier jedoch nur, dass wir aufgerichtet (aufrichtig) sitzen, so, als wenn ein Stock durch uns hindurchginge.

Dies ist mir deshalb so wichtig, weil die Haltung

tatsächlich entscheidend zu Ihrer Aufrichtigkeit beiträgt.
Es geht ja darum, dass *in diesen fünf Minuten* kein Platz sein soll für sog. "ablenkende" Gefühle, wie z.B. Wut**, Selbstanklagen, Wehklagen etc.

Probieren Sie dies doch bitte einmal aus:

Setzen oder stellen Sie sich absolut gerade hin, und spüren Sie, wie sich fast automatisch Klarheit und Gelassenheit einstellt.
Und jetzt versuchen Sie bitte, **diese Haltung beizubehalten**, und nun ein Gefühl wie z.B. unbändige Wut, böseste Agression, Trotz, Anklage, Empörung, oder tiefe Trauer, Jammer, Elend, oder gar Selbstanklage und Opfersein zu empfinden.

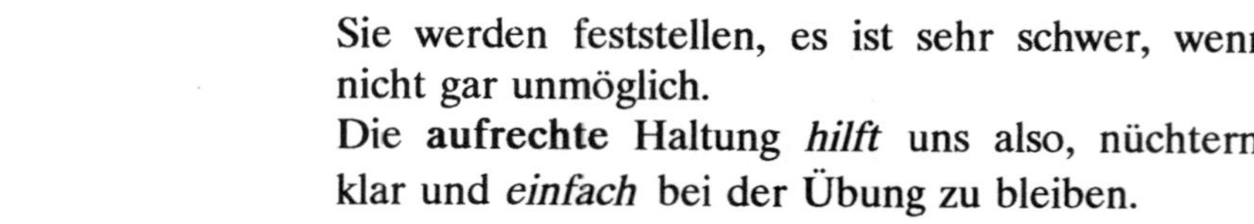

Sie werden feststellen, es ist sehr schwer, wenn nicht gar unmöglich.
Die **aufrechte** Haltung *hilft* uns also, nüchtern, klar und *einfach* bei der Übung zu bleiben.

Halten Sie nach Möglichkeit auch den Kopf ganz gerade, weder nach vorn, noch nach hinten gekippt,
es geht ja darum, einem vorgestellten Gegenüber (innerlich) direkt in die Augen zu sehen.

Die Arme liegen locker, möglichst mit geöffneten Handflächen nach oben, auf den Schenkeln auf.
Die Augen sind geschlossen. Sollte Ihnen das Schliessen der Augen schwerfallen, können sie sie auch geöffnet oder halbgeöffnet halten.

In der Regel helfen die geschlossenen Augen, sich zu konzentrieren, und den Kontakt zu den inneren Bildern leichter herzustellen
(ohne Ablenkung im Aussen).

Soviel zu dem äusseren Setting der Übung.

Jetzt nehmen Sie den Kontakt zu dem Menschen, mit dem Sie sich "treffen" auf, was bei Jeder und Jedem von uns möglicherweise anders aussieht:

Entweder stellen Sie sich diesen Menschen vor, oder Sie sehen ein Bild von ihm/ihr, oder Sie sagen einfach nur ihren/seinen Namen, oder Sie haben sofort eine Situation vor Augen, in der Ihre Schuld eine Rolle spielte. Vielleicht aber haben Sie auch "nur" ein diffuses Gefühl des Kontaktes, und manchmal geschieht es auch, dass wir scheinbar gar keinen Kontakt finden.
Was auch immer da eintritt, oder nicht eintritt, beginnen Sie die fünf Minuten mit dem Satz:

"ICH HABE SCHULD DIR GEGENÜBER, UND ICH BIN BEREIT, DIES JETZT ZU SEHEN"

Und bleiben Sie die ganze Zeit dabei.

Und, bitte, verändern Sie den Satz nicht !
Es hat sich herausgestellt, dass willkürlich veränderte Formulierungen häufig "Verwässerungen" verursachen, dass die Konzentration und die Klarheit verlorengeht, und somit Störungen in der Übung auftreten, die oft auch das Ergebnis negativ beeinflussen.**

Hier nun noch ein paar Details, die das Hinsehen betreffen:
Immer mal wieder werde ich gefragt, was heisst das eigentlich ?
Bedeutet es, dass ich mich mit meinem Gegenüber identifizieren soll, um zu fühlen, wie er oder sie sich gefühlt haben mag?
Oder bedeutet es, dass ich z.B. den Menschen, um den es in der Übung geht, nach seinen Gefühlen *fragen* soll, oder danach, was er mir vorzuwerfen hat?

Die Antwort ist: NEIN

Um dies alles geht es nicht beim "Hinsehen".
Was nicht heisst, dass es nicht o.k. ist, wenn es einfach auftaucht - ich lasse es halt wieder gehen.
Doch hier meint das Hinschauen etwas anderes:
Ich bin offen für das, was sich mir im Zusammenhang mit diesem Satz zeigt.
Und nur für das !

Um ein klareres Bild von diesem Hinschauen zu bekommen, empfehle ich folgende Vorstellung:

Ein Kind ist hingefallen und hat sich wehgetan.
Ich sehe und erlebe dies spontan als das,
was es ist.
Ich denke nicht erst darüber nach, und ich brauche nicht erst den Akt des mich Hineinversetzens, oder die Frage nach dem, wie es sich fühlt.
Ich *sehe* es einfach
in seinem Schmerz und seinem Erschrecken (und nehme es vielleicht liebevoll in meinen Arm).
Ich bin einfach mit meiner Aufmerksamkeit bei dem Kind und es geht in diesem Augenblick nicht um mich.
Das ist alles.

Jetzt komme ich zum Abschliessen der Übung.

Hier geht es nicht um das tägliche Beenden der fünf Minuten, sondern um das Beenden der Übung (mit jeweils diesem einen Menschen) insgesamt:

Sind die 1o bzw. später 7 Tage,
die ich als Einstiegszeit für unbedingt notwendig halte,
um, entscheiden Sie sich neu, ob sie jetzt damit aufhören wollen (diese Treffen beenden wollen) oder ob Sie noch weitermachen möchten.

Die Entscheidung, aufzuhören, kann aus vielerlei Gründen fallen:

- einmal, weil ich den Eindruck habe, *alles*, was es in diesem Zusammenhang zu sehen gab, angeschaut zu haben. Dies macht sich meist durch ein Gefühl der Erleichterung, der Befreiung, des Friedens deutlich

- oder, weil ich erst einmal genug habe und eine Pause brauche (ich kann die Treffen mit diesem Menschen ja später jederzeit wieder aufnehmen)

  Hier kann es sein, dass Sie zwar merken, es ist noch nicht alles angeschaut, was es an Schuld im Zusammenhang mit diesem einen Menschen anzuschauen gilt, doch Sie möchten es erst einmal gut sein lassen. Sie werden evtl. später noch einmal, oder gar mehrere Male, darauf zurückkommen.

- oder aber, ich fühle mich mit diesem Menschen jetzt "rund". Was heisst, ich habe alles auftauchen lassen, was es anzuschauen galt, und habe mich dem ganz und gar gestellt. Und ich bin nun bereit, mich mit dieser Schuld "in Ruhe zu lassen". In der Regel fühlt sich dies erlöst, heiter, friedlich an.

Ich persönlich merke dieses, mit einer Schuld-Schau wirklich bis zum Ende gegangen zu sein, am ehesten daran, dass ich mit anderen Gefühlen an diesen Menschen denke. Während ich vorher zumeist ein "ungutes", belastendes Gefühl bekam, wenn irgendetwas mich an diesen Menschen erinnerte (weshalb ich diese Erinnerungen auch möglichst vermied), stellt sich jetzt ein Gefühl des Friedens ein.
Ich kann jetzt entweder wertfrei oder gar liebend an ihn/sie denken.

- oder ich möchte mit der Übung aufhören in einem Moment, in dem ich mich ganz gut mit diesem Menschen fühle, obwohl ich weiss, dass noch nicht alles angeschaut ist. Vielleicht möchte ich mich "noch öfter" für diese Arbeit mit diesem Menschen treffen, und entscheide mich, das Ganze ein wenig zu dosieren.

- oder ich brauche aus äusseren Gründen eine Pause.

- oder, ich möchte die Übung jetzt grade ganz dringend mit einem anderen Menschen machen. Oder, oder, oder ....

Alle diese Gründe sind o.k.

Wenn Sie aufhören *wollen*
(*nach* Einhaltung der gesetzten Frist)
hören Sie einfach auf.

Machen Sie dies, indem Sie ihrem Gegenüber mitteilen,
dass Sie diese Treffen jetzt beenden wollen,
versprechen Sie ihm/ihr eventuell, wiederzukommen,
bedanken Sie sich
und schliessen Sie die Übung damit ab.

Sollten Sie nach den ersten 1o / 7 Tagen mit derselben Person weitermachen wollen, teilen Sie dies wiederum einem Menschen ihres Vertrauens mit:
"Ich treffe mich noch weitere 3 oder 5 oder noch einmal 7 Tage (hier gibt es keinerlei vorgegebene Grenze) mit ......"
oder, falls Sie mit einem anderen Menschen beginnen wollen:
"Ich beginne heute neu mit ......".
Und halten Sie auch diesen neuen versprochenen Zeitraum unbedingt ein, egal, ob noch etwas Unbekanntes auftaucht, oder ob es langweilig wird, oder ob "gar nichts mehr" geschieht.

Noch eins:
Achten Sie unbedingt darauf, dass Sie diese Übung wirklich *freiwillig* machen. Es ist mir ganz wichtig, dass hier keinerlei Druck entsteht. Also prüfen Sie sich sehr genau, ob Sie schon bereit dafür sind, sonst warten Sie lieber noch ein Weilchen.

Und zuguterletzt noch:

DIESE ÜBUNG IST KEIN LEISTUNGSKURS

Es geht nicht darum,
sie besonders *gut* oder sie besonders *richtig* zu machen.
Es geht nicht darum,
sie *möglichst schnell*, *möglichst intensiv*, oder sie mit
"*einem ganz tollen Ergebnis*" zu machen.

Es geht darum, sie zu machen, sonst nichts .

KURZBESCHREIBUNG
DER FÜNF-MINUTEN-HINSEH-ÜBUNG

- Ich treffe mich täglich 5 Minuten mit Person X.

- Ich sage ihr:
  "ICH HABE SCHULD DIR GEGENÜBER, UND ICH BIN BEREIT, DIES JETZT ZU SEHEN."

- Ich wiederhole diese Aussage, während der ganzen fünf Minuten, so oft ich will,

- und, ich bin *tatsächlich* da, um *hinzuschauen*
  (ich habe kein anderes Ziel - hier ist im besten Sinne der Weg das Ziel).

- Ich bin bereit,
  alles, was im Zusammenhang mit der Schuld auftaucht, *anzusehen*, und alles, *was nicht in diesem Zusammenhang steht*, wie z.B. andere Erinnerungen in Verbindung mit diesem Menschen, *loszulassen*
  (dafür ist *jenseits* der fünf Minuten viel Platz).

- Ich bedanke mich nach fünf Minuten und schliesse die Übung ab.

DIES IST ALLES - NICHTS SONST .

Alles, was Sie bis hierhin über die **FÜNF-MINUTEN-ÜBUNG** erfahren haben, reicht aus, um mit der Übung zu beginnen, und mit ihr zurechtzukommen.
Solange Sie sich schlicht an die Vorgaben halten, und sich auch immer mal wieder an sie erinnern, werden keine Schwierigkeiten auftreten.
Dennoch hat sich herausgestellt, dass darüberhinaus doch hin und wieder der Bedarf nach ausführlicherer Erläuterung besteht.
Für all jene, die sich ganz sicher fühlen möchten, bevor sie beginnen, sind die folgenden Seiten mit ihrer Fülle an zusätzlicher Information gedacht.
Zudem liefern sie ein Bild all dessen, was tatsächlich in der gemeinsamen Arbeit mit dieser Methode in den letzten zwei Jahren an Fragestellungen aufgetaucht ist.

Wenn es nach unserer Erfahrung auch sicherlich bei einem Teil der Fragen und Unsicherheiten schlicht darum ging, die Konfrontation mit dem Thema noch ein wenig hinauszuzögern, so halte ich dies doch für durchaus legitim und, vor allem, für verständlich.
Solange wir, wie die meisten von uns, bislang noch keinen erlösenden Umgang mit Schuld erfahren haben, werden wir nur allzugerne immer mal wieder mit Widerstand (ich nenne es lieber Schutz) der unterschiedlichsten Formen reagieren. Wobei natürlich nicht jede Störung, Unklarheit oder Frage als Widerstand gesehen (abgetan?) werden kann. Ich möchte Widerstand, besonders, da ich ihn als Schutz sehe, auf keinen Fall abtun. Im Gegenteil, ich finde es fast immer wichtig, ihn ernst zu nehmen und ihm (s)einen Platz zu geben und nicht etwa voreilig über ihn hinwegzugehen.

So wird es manchmal sogar nötig sein, mit der Übung noch ein wenig zu warten, und sich zunächst mit den bereits im Vorfeld auftretenden Gefühlen zu befassen.

Zudem hat es sich oft erwiesen, dass es für viele leichter ist, sehr gründlich "gerüstet" in diese Art der Schuldarbeit zu gehen.

In den nächsten Abschnitten werde ich also folgendes noch einmal vertiefend behandeln:

- WORUM ES IN DIESER ÜBUNG GEHT, ODER NICHT GEHT

- WAS DIESE ÜBUNG NICHT IST

- "WAS TUE ICH, WENN.... ?"

- WAS SIE IM ZUSAMMENHANG MIT DER
  FÜNF-MINUTEN-HINSEH-ÜBUNG VERMEIDEN SOLLTEN

Darüberhinaus werden Sie in einem sehr ausführlichen Kapitel noch eine Fülle

- ALLGEMEINER HINWEISE ZU DER **FÜNF-MINUTEN-ÜBUNG** finden.

- Hier geht es neben Fragen, die immer wieder gestellt werden,
  dann auch um unsere WUT (die in der Schuldarbeit eine grosse Rolle spielt).

In dem letzten Kapitel
komme ich dann schliesslich zu den vielfältigen und zum Teil überraschenden

E R G E B N I S S E N dieser neuen Art des Schuldumgangs,

in dem viele, die bisher mit dieser Methode gearbeitet haben, zu Wort kommen.

So werden Sie einen Eindruck von den wirklich *wunder-vollen* Veränderungen erhalten, die diese *straffreie* Art des Schuldumgangs fast selbstverständlich bewirkt.

Als Abschluss der ERGEBNISSE sind am Ende des Buches noch ein paar Überlegungen über das VERZEIHEN und über DAS BÖSE angefügt.

WORUM ES IN DIESER ÜBUNG GEHT ODER NICHT GEHT

ES GEHT NICHT UM

- Selbstanklagen

- Selbstkasteiung

-"Suhlen" in dem Gefühl, etwas Schlimmes getan zu haben

- Masochismus

- Wiedergutmachung

- Bitten um Verzeihung

-"Auflösen" von Schuld

- Ent-schuld-igen

- Beschönigen

- Verharmlosen

- Abnahme von Schuld

- Freispruch

- Opfer oder TäterIn sein

- Verachtung

- Auftauchen von grossen, spektakulären Erlebnissen

- Schuldgefühle

Es geht nicht darum,
- ob ich schlecht bin und Strafe verdient habe

und nicht um
- Schuldzuweisungen an andere

Es geht nicht um
- be- oder ver-urteilen

- sich schämen müssen

- hart mit sich selbst sein

- etc.
- etc.
- etc.

Und vor allen Dingen

geht es nicht

UM BESTRAFUNG.

ES GEHT UM

- Geradestehen

- Aufrichtigsein

- Ganz tief ankommen bei der Schuld

- Hinschauen

- Die wirkliche Bereitschaft, zu "sehen"

- Aufhören, wegzusehen

- Ein *deutliches* Benennen der Schuld

- Die Zusage des Satzes einhalten

- Zu sich nehmen

- Aufhören, wegzudrücken

- Aufhören, abzuspalten

- JA-sagen zu dem,
  dass ich einiges getan habe, das nicht in Ordnung war

- Aufhören, so zu tun, als hätte ich nichts damit zu tun, und als ginge mich das alles nichts mehr an

- Aufhören, mich mit Erklärungen rausreden zu wollen

- Aufhören, mich selbst anzulügen

- Mir selbst gerade in die Augen schauen können

- Mit mir im Reinen sein

- Mich annehmen, mit *allem*, was ich bin

Es geht um:
- hinhören

- um bereitsein

- um offen sein

- um dableiben

- um stehenbleiben

- etc.
- etc.
- etc.

Und vor allen Dingen

geht es um

IN EINEM GUTEN SINNE - d.h., würdevoll - MIT DER SCHULD LEBEN LERNEN

und sie dann auch einmal in "Frieden ruhen" zu lassen, ohne dass sie mich be-last-et und ohne, dass sie weiter meine Energie bindet,

und es geht darum,

DASS ICH NICHT BESSER ODER SCHLECHTER BIN ALS ALLE ANDEREN AUCH

WAS DIE FÜNF-MINUTEN-HINSEH-ÜBUNG NICHT IST
("Verbotene" Umbenennungen)

Sie ist keine VERZEIHENS - ÜBUNG

Sie ist keine WIEDERGUTMACHUNGS - ÜBUNG

Sie ist keine VERANTWORTUNGS - ÜBUNG

Sie ist keine SCHULD-LOSWERDE - ÜBUNG

Sie ist keine SCHULD-ABLADE -ÜBUNG

All diese "Umbenennungen" sind vorgekommen.

Wir können sie allenfalls, wie bereits bekannt, verkürzt

FÜNF-MINUTEN-ÜBUNG nennen

oder sie als SCHULD-SCHAU bezeichnen.

DOCH DARÜBERHINAUS BITTE KEINE VERÄNDERUNGEN !

Diese Veränderungen des Namens bewirken auch eine Veränderung der Haltung und verzerren oder verwässern das, was die Übung eigentlich ist und will.
Und manchmal liegt ihnen sicherlich auch ein Versuch zugrunde, das, was tatsächlich in der Übung geschehen kann und geschieht, zu verharmlosen.

"WAS TUE ICH, WENN ......"

In diesem Teil geht es um all die Dinge, die auftauchen können, während Sie die **FÜNF-MINUTEN-ÜBUNG** machen. Dinge, die nicht da hineingehören, da sie den Prozess des nüchternen Hinsehens stören und die Sie von dem Eigentlichen, um das es in dieser Übung geht, ablenken.

Hier also einige Antworten und ein paar Tips, wie Sie damit umgehen können:
(Es ist immer zunächst die Situation kurz beschrieben, und dann, versetzt, jeweils meine Empfehlung dazu)

Ich versinke in Selbstanklagen. Gefühle wie: das kann ich ja nie bewältigen, nie wiedergutmachen, tauchen auf.

> Stoppen Sie sich !
> Es geht hier nicht um Sie. Und es geht nicht um Wiedergutmachung.
> WIEDERHOLEN SIE EINFACH DEN SATZ.

Der Schmerz über meine Tat überwältigt mich so, dass ich nicht weiter hinschauen kann (will), dass ich vom Hinschauen abgelenkt bin.

> Stoppen Sie sich! Und den Schmerz !
> (möglicherweise, indem Sie sich versprechen, später darauf zurückzukommen)
> Und machen Sie sich deutlich, hier geht es nicht um *mich*. Diese fünf Minuten gehören der/dem Anderen.
> UND WIEDERHOLEN SIE EINFACH DEN SATZ.

Es fallen mir viele andere Erlebnisse im Zusammenhang mit diesem Menschen ein, nur nicht die Schuld.

Lassen Sie all diese Erinnerungen gehen
(und versprechen Sie sich möglicherweise, später darauf zurückzukommen).
Jenseits der Übung ist für all dies Platz, soviel Sie wollen !
UND WIEDERHOLEN SIE EINFACH DEN SATZ
und *meinen* sie ihn auch so !
Diese Übung hat überhaupt nur Sinn, wenn Sie diesen Satz auch vollen Herzens sagen. Also nur, wenn Sie wirklich bereit sind, Ihre Schuld ohne Wenn und Aber anzusehen.

Während ich den Satz sage, habe ich das Gefühl, mein Gegenüber glaubt mir diese Aussage nicht; also mir wird nicht geglaubt, dass ich wirklich bereit bin, meine Schuld jetzt anzusehen.

Hier gilt:
es ist in diesen 5 Minuten völlig egal, was Ihr Gegenüber fühlt, denkt oder glaubt.
Allerdings sollten Sie sich an dieser Stelle überprüfen, ob es sein kann, dass *Sie* sich diesen Satz nicht glauben.
Möglicherweise ist die Entscheidung, die Übung mit diesem Menschen zu machen, zu früh gefallen, und Sie sind noch gar nicht bereit, diesen Satz zu sagen *und ihn auch zu meinen*.
In so einem Fall halten Sie sich bitte dennoch an Ihr Versprechen, die Übung 7 / 1o Tage zu machen und brechen Sie sie nicht ab. Seien Sie einfach offen dafür, dass die Bereitschaft während der Übung wächst.

Es taucht überhaupt nichts auf - ich "sehe" nichts - ich empfinde absolute Leere.

> Akzeptieren Sie die Leere.
> Schauen Sie sich die Leere an.
> UND BLEIBEN SIE WEITER BEI DEM SATZ.
> Wenn nötig, wiederholen Sie ihn die ganzen fünf Minuten.

Ich habe am Ende der 5 Minuten das Bedürfnis, noch ein wenig länger mit diesem Menschen "zusammenzusein", d.h., die 5 Minuten auszudehnen (z.B., weil ich gerade eine ganz liebevolle, friedvolle Verbindung zu dieser Person fühle, und das möchte ich noch geniessen).

> Stop !
> Beenden Sie zuerst die Übung !
> Sagen Sie Ihrem Gegenüber, dass die Zeit des auf die Schuld Schauens für heute zuende ist. Und, dass Sie gerne noch ausserhalb der Übung ein Weilchen mit ihm/ihr zusammenbleiben wollen. Achten Sie jedoch unbedingt darauf, dass dann *keine* Schuld-Schau mehr stattfindet.

Ich bekomme eine unbändige Wut auf diese Person. Es taucht alles auf, was diese *mir* angetan hat, und nicht, was ich *ihr* angetan habe.

> Stoppen Sie sich auf jeden Fall !!
> Versprechen Sie sich, so Sie wollen, sich ausserhalb der Übung für ihre Wut Zeit zu nehmen
> (es wird an anderer Stelle noch ausführlich gesagt, wie das aussehen könnte).
> Doch hier geht es nicht um Sie.
> WIEDERHOLEN SIE EINFACH DEN SATZ.

Ich "drifte" ab, d.h., ich beschäftige mich mit allem Möglichen, nur nicht mit der Person und meiner Schuld ihr gegenüber.

> Machen Sie es ähnlich wie bei Meditation:
> nehmen Sie es wahr, *ohne es zu bewerten*, und KEHREN SIE ZU DEM SATZ und Ihrer Bereitschaft, hinzuschauen, ZURÜCK.

Ich "warte" auf etwas Bestimmtes (z.B., auf einen tiefen Kontakt zur Schuld oder auf bombastisch schlimme oder grossartige Gefühle).

> *Erwarten* Sie bitte nichts.
> Seien Sie einfach offen und bereit
> und WIEDERHOLEN SIE DEN SATZ.

Ich werde überschwemmt von Selbstmitleid (überschwemme mich).

> Stop !
> Nehmen Sie sich dafür später Zeit, so Sie wollen.

Ich kann keine Schuld finden bei mir, es taucht einfach *keine* Schuld auf (darauf wird später noch detaillierter eingegangen).

> Machen Sie einfach konsequent mit der Übung weiter: fünf Minuten täglich und soviel Tage, wie Sie versprochen haben, zu kommen.
> UND SAGEN SIE DEN SATZ.

Es stellt sich während der Übung eine Schwere ein. Es kommt zu Unlustgefühlen. Ich mag nicht weitermachen. Ich werde plötzlich abgrundtief müde, ich drohe einzuschlafen, ich kann mich kaum noch wachhalten.

> Hier handelt es sich vermutlich um Widerstand (Schutz) gegenüber der "auftauchenden" Schuld.

Machen Sie bitte dennoch mit der Übung weiter. Registrieren Sie einfach, *dass Sie es sich jetzt gerade schwer machen*, und bewerten Sie dieses bitte nicht als "schlimm". Stellen Sie es einfach fest. Und lassen Sie es auch wieder gehen. Seien Sie offen für Veränderung. Seien Sie auch offen für Leichtigkeit. Manchmal wird an so einer Stelle auch einfach nur deutlich, dass ich grundsätzlich eine/r bin, der/die dazu neigt, es sich im Leben immer wieder schwer zu machen.
Und,
machen Sie die Übung *niemals* im Liegen, sondern immer in aufgerichteter Position.
Setzen Sie sich in diesem Fall auf einen Stuhl !
Und *entscheiden* Sie sich dafür, wachzubleiben.
UND SAGEN SIE DEN SATZ hier unbedingt laut.

Ich verändere den Satz (z.B. in: "ich bin gekommen, Dir meine Schuld zu *sagen*," oder "ich übernehme jetzt die Verantwortung für meine Schuld" etc. etc. etc.)

Tun Sie`s nicht !
BLEIBEN SIE IMMER BEI DEM
VORGEGEBENEN SATZ (siehe Seite44).

Und zuguterletzt:

Ich verachte mich dafür, dass ich *so etwas Schlimmes* getan habe.

Stop !
Es geht hier *nicht* um Bewertung
Es geht hier *nicht* um Urteile
Es geht hier *nicht* um Bestrafung
WIEDERHOLEN SIE EINFACH DEN SATZ.

WAS SIE IM ZUSAMMENHANG MIT DER FÜNF-MINUTEN-HINSEH-ÜBUNG VERMEIDEN SOLLTEN

Bitte
versuchen Sie nicht, sich mit Ihrem Gegenüber zu identifizieren, weil Sie vielleicht meinen: "dann kann ich doch viel besser fühlen, *wie schlimm* das war, was ich ihm/ihr angetan habe".
Es geht in dieser Übung um *Hinschauen*, was ich jemandem getan oder nicht getan habe, und um *Sehen*, dass dies Auswirkungen für diesen Menschen hatte. Es geht *nicht* darum, wie sich das wohl angefühlt haben mag.
In Wahrheit können wir gar nicht stellvertretend für andere fühlen. Wir werden immer nur erleben, wie *wir* uns wohl in dieser Situation gefühlt hätten, und das mag *sehr* anders sein, als das, was die tatsächliche Person empfunden hat.

Bitte
stellen Sie Ihrem Gegenüber keine Fragen.
Bitten Sie auch um nichts - auch nicht darum, Ihnen zu verzeihen. Es geht nicht darum, ob der/die Andere Ihnen verzeiht, sondern darum, ob Sie wieder vor sich selbst geradestehen wollen, auch trotz oder mit der Tat.
Dennoch ist es sehr verständlich, dass dieses Bedürfnis, Verzeihung zu erlangen, während der Übung (oder durch sie) auftaucht. Doch da es hier nicht darum geht, von ihrem Gegenüber etwas zu bekommen, gehört auch das nicht hierher **(am Ende des Buches wird dieses Thema nochmal aufgenommen)**.
Nehmen Sie sich stattdessen in der Übung Raum, zutiefst zu empfinden, *wie leid es ihnen tut* (worum immer es dabei gehen mag). Und, wenn sie wollen, drücken Sie *dies* ihrem Gegenüber aus.
*Sollten Sie im **zweiten** Schritt real diesen Menschen um Verzeihung bitten wollen, können Sie dies jenseits der Übung natürlich jederzeit tun.*

Bitte
lassen Sie während der Übung keine Musik laufen (auch keine Entspannungs- oder Meditationsmusiken).

Bitte,
sollten Sie ein Mensch sein, der/die regelmässig meditiert,
machen Sie diese Übung *unabhängig* davon. Also bitte auch nicht direkt vor oder nach Ihrer Meditation. Dies gilt auch für andere "gewohnte" Praktiken/Rituale! Binden Sie die Übung in nichts Gewohntes ein.

Bitte
machen Sie diese Übung nicht mit nur ein *bisschen* Bereitschaft. Warten Sie lieber, bis Sie wirklich bereit sind.
Machen Sie sie erst, wenn Sie sie *wirklich* machen *wollen.*
Und halten Sie sich dann konsequent an Ihr Versprechen (also "vergessen" Sie die Übung nicht manchmal). Das Ergebnis hängt entscheidend davon ab.

Bitte
beginnen Sie die Übung nicht mit der Haltung:
"Ach, ich probiers halt mal, wenn ich nicht damit zurechtkomme, breche ich sie eben wieder ab".
Machen Sie die Übung erst, wenn Sie auch bereit sind, die vorgegebene Zeit *dabeizubleiben*.

Bitte
vergleichen Sie nicht und erwarten Sie nichts.
Beispiele:
- Sie haben von Anderen gehört, dass sich ein Gefühl der Erleichterung und Erlösung einstellt, und Sie warten nun darauf, dass das auch bei Ihnen eintritt.
- Sie wissen, dass Sie sich dann besser fühlen und machen die Übung wegen dieser Entlastung und nicht, um hinzuschauen.

- Sie haben gehört, dass diese Übung Ihnen guttun wird und machen sie deswegen.

Oder

- Sie haben diese Übung schon mit ein paar Menschen gemacht und erwarten nun, dass *ähnliche* Erlebnisse auftauchen, eine ähnliche Dichte des Kontakts etc. oder eine ähnliche Leichtigkeit, wie bei den anderen usw.

Erwarten Sie nichts :
keine grossen Gefühle, keine Aha-Erlebnisse, keine bombastischen Erkenntnisse. Wenn sie auftauchen - o.k. - nehmen Sie sie zur Kenntnis und lassen Sie sie gehen. Es geht hier nicht um Sie.
Diese fünf Minuten gehören dem anderen Menschen.

Bitte
Machen Sie diese Übung ohne ein Ziel.
Hier ist im besten Sinne der Weg das Ziel: Hinschauen !
Und, wie auch sonst jeder Kontakt anders ist, hat auch hier jede Begegnung ihre Eigenheit, ihre eigene Dynamik, was nicht zuletzt auch viel mit der unterschiedlichen Schuld zusammenhängt.

Bitte
vermeiden Sie, sich vom Hinschauen abzulenken, indem Sie sich Gedanken darüber machen, ob Sie nun wohl auch im *realen* Kontakt mit diesen Menschen (so sie noch leben) etwas verändern müssten. Beispielsweise, indem Sie hingehen und Ihre Schuld benennen / bekennen o.ä.
Sie *müssen* in dieser Richtung gar nichts.
Es kann ein möglicher *zweiter* Schritt sein, muss aber nicht
(darauf werde ich später noch eingehen).

Bitte
fordern Sie Ihr Gegenüber nicht auf, Sie anzuklagen.
Sollten Anklagen "einfach so" kommen, hören Sie sich diese An*schuld*igungen an und lassen Sie sie gehen. Und geben Sie weiter den Satz rein.

Gehen Sie in diesen fünf Minuten nie in die Verteidigung !
Oder gar in die Gegenanklage.
Es mag sein, dass dieser Mensch Ihnen gegenüber auch Schuld hat (dies ist wahrscheinlich sogar häufig der Fall), doch während *dieser* fünf Minuten interessiert das nicht *(Vielleicht wird dieser Mensch eines Tages die Übung mit Ihnen machen)*.

Und bitte
bleiben Sie nicht bei einer Schuld stehen. Dies gilt vor allen Dingen für den Fall, dass Ihnen zu einem Menschen eine ganz besonders schwerwiegende "grosse" Schuld einfällt.
Beschäftigen Sie sich mit dieser Schuld, schauen Sie sie an, und seien Sie dennoch offen dafür, dass noch andere - vielleicht sogar bislang unbekannte - Schuld auftaucht.
Seien Sie weiterhin bereit, zu ent-decken.
Es kann sonst passieren, dass Sie eine Woche lang, oder auch zehn Tage und länger, immer nur auf diese eine "grosse" Schuld schauen, und sich damit den Blick auf anderes, was noch auftauchen könnte, verstellen.
Also legen Sie sich nicht fest auf *eine* Schuld.

Und zum Schluss noch, wie bereits auf den Seiten 44 und 61 erwähnt:
Bitte
verändern Sie den Satz in keiner Weise.
Verwenden Sie z.B. nicht den Begriff *schuldig* (ich bin schuldig Dir gegenüber etc.). Wir haben herausgefunden, dass "Schuldigsein" und "Schuld haben" sehr unterschiedlich empfunden werden: "schuldig" ist verwaschener, unklarer, weniger greifbar, weniger konkret - ein zu vager Begriff.
Und
verwenden Sie nicht die Aussage: "Ich bin bereit, die Verantwortung für meine Schuld jetzt zu übernehmen".
Der Begriff Verantwortung ist an dieser Stelle zu abstrakt und lenkt uns möglicherweise auch in eine andere Richtung
(alte Unlustgefühle im Zusammenhang mit dem Begriff tauchen auf und lenken uns ab, etc.).

Oder
ändern Sie den Satz nicht in:
"Ich bin gekommen, Dir meine Schuld zu *sagen*".
Auch, wenn es in diesem Gesamtzusammenhang u.a. darum geht, meine Schuld zu benennen (in erster Linie übrigens vor mir selber), ist es *während* der Übung einzig wichtig, sie zu ent-decken und anzuschaun.
Also halten Sie sich an den Satz,
alles andere verstellt die klare Sicht auf die Schuld.

Um Missverständnissen vorzubeugen, hier noch einmal der Hinweis, all dies gilt für die **FÜNF-MINUTEN-ÜBUNG**, *und nur für sie*.

Soviel zu den Dingen, die *während* der Übung wichtig zu wissen sind.

In dem nun folgenden Kapitel werde ich mich noch einmal ausführlich all den Fragen widmen, die im *Zusammenhang* mit der Übung oder in ihrem *Umfeld* auftauchen können.

ALLGEMEINE HINWEISE ZU DER FÜNF-MINUTEN-HINSEH-ÜBUNG

Im Vorfeld ergibt sich natürlich oft die Frage,
wann und wie komme ich zu der Entscheidung, die Übung zu machen und mit welchem Menschen?

Letzteres ist einfach zu beantworten:
immer mit dem Menschen, zu dem es Sie am meisten drängt, mit der Übung zu beginnen.
Wenn Sie eine Schuldliste erstellt haben, ergibt sich dies manchmal auch aus der Hierarchie, jedoch ist es wirklich wichtig, dass Sie da einfach ihrem Herzen folgen.

Zum wann und wie:

Wenn Sie noch nicht genau wissen, *ob* Sie
die FÜNF-MINUTEN-ÜBUNG machen wollen (entweder grundsätzlich oder mit einem bestimmten Menschen), nützt es oft, sich "einfach so" im Laufe des Tages oder der Tage, mit ihrer Schuld zu befassen, und/oder einfach die Schuldliste zu vervollständigen. Irgendwann wird es Sie drängen, mit Person X anzufangen.
Und das ist der richtige Moment.
Hierbei ist es übrigens überhaupt nicht wichtig, ob Sie bereits wissen, um welche Schuld es dabei gehen wird. Wichtig ist nur, *dass* es da etwas zu geben scheint, sonst würden Sie die Übung mit diesem Menschen gar nicht machen wollen.

In diesem Zusammenhang werde ich auch gefragt,
ob wir z.B. auch eine "falsche" Entscheidung treffen können, sodass wir dann möglicherweise die Übung mit einem Menschen machen, demgegenüber wir gar keine Schuld haben. Diese Frage taucht besonders dann auf, wenn sich während der Übung, oft tagelang, überhaupt nichts zeigt, wir also "keine Schuld finden".

Nun, ich glaube nicht, dass es überhaupt einen Menschen unserer näheren Umgebung gibt, demgegenüber wir (in dem hier beschriebenen Sinn) nicht die geringste Schuld haben. Und daneben bedeutet dieses "es taucht gar nichts auf", unserer Erfahrung nach, vermutlich das Gegenteil, nämlich, dass es hier um besonders viel oder besonders schwerwiegende Schuld geht, vor der unser Unbewusstes sich sehr gründlich verschlossen hat.
Wenn Sie sich entschieden haben, die Übung mit diesem Menschen zu machen, "wissen" Sie vermutlich auch, dass es da etwas gibt, was es anzuschauen gilt. Noch einmal: sonst würden Sie die Übung mit diesem Menschen gar nicht machen wollen.
Sollten Sie bereits angefangen haben, bleiben Sie konsequent dabei. Mit wirklicher Bereitschaft.
Auch, wenn Sie diese fünf Minuten mit nichts anderem füllen, als scheinbar sinnlos ständig den Satz zu wiederholen, "geschieht" etwas: Ihr Gegenüber, Ihr Inneres, Ihr Unbewusstes erfährt Ihre Bereitschaft. Und das ist unendlich viel.
Manche entscheiden sich an so einer Stelle, zwei oder drei Wochen lang geduldig dabeizubleiben. Aber das ist nicht jedermensch Sache. Doch, auch wenn Sie die Übung nach Ihren versprochenen sieben oder zehn Tagen erst einmal abbrechen, wird in Ihrem Inneren etwas weiterarbeiten. Und es kann sein, dass Sie "ganz plötzlich" zwischendurch eine Schuld erkennen und dann Lust haben, zurückzukommen und die Übung mit diesem Menschen noch einmal zu machen (wie wir auch generell die Übung durchaus öfter mit ein und derselben Person machen können, einfach an unterschiedlichen Stellen in unserem Leben).

Im Übrigen ist (soweit mir bislang bekannt) der einzige andere Grund dafür, dass "nichts auftaucht", der, dass die Übung mit einer "falschen" Haltung begonnen wurde (s. S. 41 u. 63), und unser Unbewusstes sich weigert, diesen "Betrug" mitzumachen.

Eine andere Frage, die immer mal wieder auftaucht,
ist zum Beispiel, ob sich eine unterschiedliche Handhabung ergibt, wenn ich die Übung in Bezug auf noch lebende, oder mit bereits verstorbenen Menschen mache.

Die Antwort ist: Nein.
Grundsätzlich ist es so, dass vom Ablauf her die Übung völlig gleich bleibt, da in beiden Fällen die *tatsächliche* Person nicht anwesend ist.
Dennoch wurden Unterschiede im Erleben beschrieben.
Es schien einigen der TeilnehmerInnen mit bereits gestorbenen Menschen leichter zu sein, da sich hier nicht mehr die Frage der realen Begegnung ergibt. Die Idee, mich mit meinem (lebenden) Gegenüber nun auch in der Realität über meine Schuld auseinandersetzen zu müssen, wird manchmal, weil angstmachend, als Störung erlebt (s.S. 64). Deshalb hier noch einmal:
Sie *müssen* in dieser Hinsicht gar nichts. Es *kann*, wie bereits gesagt, ein möglicher zweiter Schritt sein, doch hier in der Übung geht es nur um den ersten Schritt, nämlich den des Kontaktes zu der Schuld und zu dem Menschen, demgegenüber ich sie empfinde, *ohne* die tatsächliche Anwesenheit der Person.

Sollten Sie sich jedoch irgendwann zu dem *zweiten* Schritt auch entscheiden, hier noch ein Hinweis:

Wenn Sie sich also mit diesem Menschen treffen, um mit ihm/ihr über Ihre Schuld zu reden, achten Sie darauf, dass Ihre Schuld nicht "hinwegbegöscht" wird.
Es mag sein, dass Ihr Gegenüber sagt: "Ach, war doch gar nicht so schlimm, hab ich doch längst vergessen" und das auch so meint (was vielleicht nicht immer stimmt), oder Sie in anderer Weise von Ihrer

Schuld ablenken will. Hier ist es wichtig, dass *Sie* es als Schuld empfinden, egal, was Ihr Gegenüber dazu meint. Verschaffen Sie sich *dafür* unbedingt *Gehör*.

Eine andere Möglichkeit wurde von einer Klientin folgendermassen beschrieben:

- Ich bin zu meinen Eltern gegangen und habe ihnen gesagt: "Ich weiss, dass ich Schuld Euch gegenüber habe, und ich möchte, dass ihr das wisst", ohne weiter darauf einzugehen. Ich brauchte das einfach. Mir war wichtig, dass sie das hören, und ich wollte noch nicht weiter mit ihnen darüber reden. Sie haben es sehr gut aufgenommen und mich dann auch damit in Ruhe gelassen.

Also noch einmal,
Sie können als zweiten Schritt tun, was immer Sie wollen. Es ist jedoch nicht *unabdingbar* notwendig, dass es diesen zweiten Schritt gibt.
Häufig spüren die Menschen, um die es geht, selbst, wenn sie weit entfernt leben, dass *Sie* in ihrer Haltung ihnen gegenüber etwas verändert haben und werden entsprechend darauf reagieren
(im Kapitel ERGEBNISSE wird dazu noch einiges berichtet).

Einmal tauchte auch die Frage auf,
was ist, wenn derjenige, demgegenüber ich Schuld empfinde, gar nichts davon weiss, gar nichts davon wissen kann ?
Beispiel: ich habe heimlich Briefe oder Tagebucheintragungen eines nahen Menschen gelesen, die dieser mir nicht zeigen wollte.

Hier ist die Antwort: *Sie* wissen es !
Es geht hier um *Ihr* Empfinden von Schuld, nicht darum, was oder wie derjenige, den es betrifft, dazu denkt oder fühlt.
Daneben kann es sein, dass dieser Mensch es auf einer nicht bewussten Ebene vielleicht doch "weiss", weil sich energetisch seither etwas zwischen Ihnen verändert hat.
Widerum: im *zweiten* Schritt können Sie natürlich überlegen, ob Sie es diesem Menschen doch noch mitteilen wollen.

Manchmal ist es auch so, dass jemand sich nicht oder noch nicht für die Übung erwärmen kann, weil befürchtet wird, dass er/sie künftig "mit einem Heiligenschein" herumlaufen muss.
Die Angst, dass ein neuer moralischer Druck entsteht, sieht in etwa folgendermassen aus:
"Ich muss mich nun ständig kontrollieren, um ja keine neue schuldhafte Tat zu begehen. Ich muss nun ein superbraver Mensch werden, und möglicherweise schaue ich künftig auf die anderen`die noch mit ihrer Schuld herumlaufen` herab, und es wird eine Kluft zwischen ihnen und mir entstehen."

Aber natürlich ist es nicht das, was mit dieser Übung gewollt ist.
Veränderungen im zukünftigen Verhalten (weder im positiven noch im negativen Bereich angesiedelt) sollten bei der Motivationsfindung keinerlei Rolle spielen.
Die Übung findet in der Gegenwart statt und befasst sich mit den Dingen, die ich *heute* (oder heute noch) als Schuld mit mir herumtrage und an denen ich etwas ändern möchte, indem ich mich ihnen stelle.
Auch, wenn es dabei um alte Schuld gehen mag, ist es doch der gegenwärtige Augenblick, das JETZT, in dem ich sie fühle und in dem ich mit meiner Schuldarbeit ansetze.
Die Zukunft ist dabei zunächst nebensächlich. Sie kann und wird eine Bedeutung bekommen, wenn die Veränderungen, die durch die Übung eintreten, wirksam werden. Dies ist ein wunder-voller "Nebeneffekt". Die Grundlage für diese Übung ist *Zukünftiges* jedoch nicht.
Natürlich haben wir immer mal wieder beobachtet, dass die Menschen, die diese Übung machen oder gemacht haben, auch in ihrem sonstigen Alltag achtsamer werden, doch dies geschieht "einfach so" und hat mit Zwang oder moralischem Druck nicht das geringste zu tun.
Es ist ja genau das Gegenteil, was diese Übung in der Regel bewirkt, nämlich, dass ich mich künftig frei (er) fühle, sogar gegenüber meiner eigenen Schuld.

Ein Teilnehmer sagte in diesem Zusammenhang:
"Ich will die Freiheit, weiter Schuld auf mich zu laden".

Wenn auch diese Äusserung seltsam anmuten mag, ist sie dennoch genau richtig. Ein Einschränken oder neues Einschränken von Freiheit kann nicht der Sinn dieser Arbeit sein.
So haben wir natürlich auch nach wie vor, so wir sie denn wollen, die Freiheit, neue Schuld zu kreieren.
Und, da wir hoffentlich auch weiter Menschen bleiben, werden wir auch weiterhin im Umgang mit anderen immer mal wieder Dinge tun, die nicht in Ordnung sind, egal, ob das nun angestrebt ist oder nicht.
Dass sich häufig dennoch gerade in diesem Punkt sehr Entscheidendes ändert, nur nicht im Sinne von "Heiligenschein", wird im Kapitel ERGEBNISSE noch deutlich werden.
Im Übrigen liegt mir viel daran, die **druckmachende** Vokabel *müssen* aus dieser Übung, und aus meiner ganzen übrigen Schuldarbeit rauszuhalten. Im Gegenteil, ich möchte, dass wir sehr sensibel auf Freiheit dabei achten.
Zu dem möglicherweise auf andere "Herabschauen" hier noch eine Anmerkung:
Zu dieser Art "Pharisäertum" neigt, glaube ich, jede und jeder von uns immer mal wieder, vor allem auch in Bezug auf die Schuld der anderen, die *natürlich* immer grösser, schlimmer, verbrecherischer ist als die eigene (*So etwas würde ich ja nie tun !*).
Doch ich brauche dieses "mich für besser halten" eigentlich dann, wenn ich in Wahrheit meine, dass ich *schlechter* bin. Und das hat oft genug mit unerledigter Schuld zu tun.
Meine Empfehlung:
Sollte das auftreten, schauen Sie weiter nach Schuld in Ihrem Leben.

Spannend war auch die Frage, ob *Heiterkeit* während der Übung sein darf und zu der Übung gehören darf.
Dies tauchte auf, als eine Teilnehmerin mitteilte, dass ihr Heiterkeit in der Übung *fehle*, worauf ein Teil der Gruppe mit Empörung reagierte:

"Was hat Heiterkeit mit Schuld zu tun - die hat da ja wohl nichts zu suchen".

Hierzu folgendes:
Ich glaube, dass Heiterkeit sehr gut etwas mit Schuld zu tun haben kann.
Nämlich dann, wenn ich fühle, wie erleichternd es ist,
ohne Angst auf sie zu schauen und *aufrichtig* mit ihr umzugehen.
Und z.B dann, wenn ich begreife, dass STRAFE und SCHULD nicht zwangsläufig zusammengehören.
Dies und anderes kann wunderbar heiter stimmen, während ich die Schuldarbeit mache und ist durchaus erwünscht.

Wenn jedoch auf die Tatsache, dass Heiterkeit und Leichtigkeit genauso selbstverständlich zur Schuldarbeit gehören darf wie zum übrigen Leben, mit Empörung reagiert wird, verbirgt sich darin vermutlich eine zutiefst moralische Haltung, die dann widerum zu oben beschriebenem Pharisäertum führt.
Hier geht es im Eigentlichen aber wohl um eine tiefverwurzelte Angst, um die Befürchtung, dass SCHULD *ohne* STRAFE schlicht nicht möglich ist.
Grundsätzlich jedoch
können wir nach unseren bisherigen Erfahrungen sagen,
dass, wenn in diesem Gesamtzusammenhang überhaupt keine Er-lösung, keine Leichtigkeit oder eben gar Heiterkeit eintritt, der Kontakt zu der tatsächlich vorhandenen Schuld noch nicht wirklich da ist. Und dies hat sicher viel mit dem Begriffspaar
SCHULD **und** STRAFE zu tun, welches uns allen seit undenkbaren Zeiten "in den Knochen sitzt".
Doch will ich an dieser Stelle auch nicht darüber hinweggehen, dass es sein kann, dass mit der Übung und in ihrem Zusammenhang, eine Fülle solcher alten Ängste auftauchen. Dass alte Erlebnisse von Ver-urteilung und Bestrafung, die ich noch nicht wirklich verarbeitet habe, sich zeigen, und dass ich sie möglicherweise schwer alleine bewältigen kann.

Dies ist der Grund, weshalb ich empfehle (s.S. 35), die ersten *Erfahrungen mit der Übung und allem, was dazugehört, mit einer erfahrenen Begleitperson zu machen, sodass Sie an so einem Punkt Schutz und Unterstützung zum Aufarbeiten bekommen.*

WENN DIE WUT IM WEGE IST

Wut und Schuld haben unendlich viel miteinander zu tun.
Wenn ich an dieser Stelle konsequent zu Ende denke, sind *sie* möglicherweise gar ein Begriffspaar, das ohne einander gar nicht leben kann (circulus vitiosus).

Deshalb wende ich mich der Wut, die möglicherweise im Zusammenhang mit dieser Arbeit auftritt, und dem, wie Sie damit umgehen können, etwas ausführlicher zu:

Immer mal wieder kommt es vor, dass ich die Übung mit einem bestimmten Menschen machen möchte und schon im Vorfeld merke, dass ich noch eine so unbändige Wut auf diese Person (wegen etwas, was diese *mir* angetan hat)habe, dass ich erst einmal damit beschäftigt bin.

Sollte dies eintreten,
dann, bitte, machen Sie die Übung noch nicht.
Nehmen Sie sich erst einmal Zeit und Raum für Ihre Wut.

Wie dieses aussehen könnte, werde ich jetzt beschreiben.

Alles, was Sie auf den folgenden Seiten lesen, gilt sowohl für die eben beschriebene, im Vorfeld der Schuldarbeit auftretende Wut, als auch für den Fall, dass *während* der Übung Wut auftritt und Sie sich, wie empfohlen, *hinterher* dafür Zeit nehmen wollen.

Wichtig ist mir auch hier die bereits bekannte *Trennung zwischen dem ersten und dem zweiten Schritt*.

Im *ersten* Schritt geht es grundsätzlich immer um das Zulassen und Erleben der Gefühle *in mir*, und erst im *zweiten* Schritt kann es dann möglicherweise darum gehen, dass ich diese Wut gegenüber dem Adressaten auch ausdrücke.

Warum mir diese Unterscheidung so wichtig ist, wird in der Folge deutlich werden, und ich möchte hier noch einmal daran erinnern, dass eine meiner Lieblingsaussagen ist: **"Du hast ein unbedingtes Recht auf Deine Gefühle, egal ob sie ge-recht sind."** (s.S 35).

DER ERSTE SCHRITT:

Hier geht es also um das Erspüren und Zulassen der Wut *in mir* (und nicht, oder noch nicht darum, die Wut auch an den Mann/die Frau zu bringen, der/die meines Erachtens dafür verantwortlich ist).

Wie sieht dieses Erspüren und Zulassen nun aus ?

Zunächst einmal geht es um eine **Erlaubnis**, die ich mir gebe.

Ich *erlaube* mir, wirklich zu fühlen, *wie gross* meine Wut ist. Ich erlaube *ihr*, sich zu zeigen und sich in mir auszubreiten, so stark sie nur will.

Ich begrüsse und geniesse (ja!) sie, statt sie zu bekämpfen.

Dies wird sich in einer verstärkten, tiefen Atmung deutlich machen, dem Gefühl einer Befreiung, einer Öffnung im vorderen oder im ganzen Brustraum. Es werden möglicherweise Geräusche auftreten, Laute, Töne und Sätze, und ich erlaube sie mir nach Herzenslust, und ich geniesse sie.

Ich *erlaube* mir, *sie zu haben*

Ich mache Schuldzuweisungen, *so viel ich will*.

Ich klage an, *soviel ich will*.

Ich suhle mich geradezu in dem Ausbreiten und sich - endlich - zeigen dürfen, sich **ungestraft** zeigen dürfen, meiner Wut.

Ich gebe *nichts* und *niemandem* die Erlaubnis, mich in meiner Wut zu stoppen.
Ganz besonders erlaube ich keinem Gedanken, keiner Idee, keinen *inneren Sätzen*, "dazwischenzufunken".

Solche "Dazwischenfunker" sehen folgendermassen aus:

- "Mensch, du hast doch selbst auch genug ausgefressen".

- "Du bist doch auch nicht besser".

- "Mensch, der/die konnte doch nichts dafür".

- "Der/die konnte das halt nicht anders".

- "Die Umstände waren doch so".

- "Es ist doch schon solange her, was soll das denn jetzt noch".

- "Sie/er ist doch schon zu alt oder krank, da kann ich doch jetzt nicht mehr mit meiner Wut kommen".

- "Ach, ist doch gar nicht mehr so wichtig".

- "Damit bist du doch schon lange fertig".

- "Das ist doch völlig unangemessen, bei so einem kleinen Anlass".

- "Du solltest dich wirklich an die eigene Nase fassen".

- "Mein Gott, ist das peinlich".

- "Das ist doch nun wirklich übertrieben".

- etc.
- etc.
- etc.

und,
zuschlechterletzt:

- "Du bist aber jetzt wirklich ungerecht".

Dies ist wohl der beliebteste "Dazwischenfunker".

Diese Störenfriede haben nichts anderes im Sinn, als unsere Wut klein zu halten, wenn nicht gar zu unterbinden, und, sie haben meist eine fatale Ähnlichkeit mit Sätzen aus unserer Kindheit, wie wir sie gehört haben, wenn unsere Wut "nicht erwünscht" war.

Wir haben also diese strengen Wutunterdrücker in uns hineingenommen und geben uns diese blockierenden Sätze heute "vorsichthalber" selbst.

Bevor wir nicht die Erfahrung gemacht haben, dass uns mit dem Lebenlassen unserer Wut nichts wirklich "Schlimmes" geschieht, sind wir meist auch nicht bereit, diese Wutunterdrücker zu verabschieden

und selber zu entscheiden, ob wir unsere Gefühle haben dürfen oder nicht.
Die meisten von uns können dann ja auch eine Fülle von Situationen, sowohl aus der Kindheit, als auch aus dem Erwachsenenleben benennen, in denen wir mit dem Zulassen und natürlich auch mit dem Ausdrücken unserer Wut nicht die besten Erfahrungen gemacht haben.

Entsprechend erlauben wir den "Dazwischenfunkern" heute auch nur allzu gerne, bremsend einzugreifen, wenn Wut gerade mal wieder im Entstehen ist. Ja, leider bremsen wir sie häufig bereits im Entstehen. Tatsächlich wünschen wir uns oft nichts so sehr, wie nie mehr wütend sein zu *müssen*, was gerade deswegen nicht besonders gut gelingt.
Wir vermeiden Konflikte, gehen keine Risiken ein, und verhindern damit, in Bezug auf unsere Wut, und in Bezug auf Wut generell, neue Erfahrungen zu machen.
Parallel dazu mögen wir meist auch Wut an anderen nicht und versehen sie nun unsererseits mit Etiketten wie:

- unbeherrscht
- unangemessen
- kann sich nicht zusammennehmen
- wie peinlich

u.a.m.

Dies wird spätestens dann deutlich, wenn sich jemand gar einen Wutausbruch "leistet".

Da wir also die fatalen negativen Folgen der Wut in der Kommunikation so fürchten, sorgen wir "rechtzeitig", nämlich bereits im Entstehen dafür, dass *uns* das ja nicht passiert.

Wir *verbieten* uns Wut,
verdammen sie, sobald sie sich zeigt
verachten uns dafür, dass sie auftaucht,
und gehen häufig soweit, dass wir uns nicht einmal mehr erlauben, sie

überhaupt zu fühlen.
Wir haben dann einfach gar keine Wut - zumindest scheint es uns so. Damit - und dies scheint auch nur so - sind wir erst einmal "aus dem Schneider".
Doch häufig stellen wir an solchen Tagen, oft ohne den Zusammenhang zu erkennnen, fest, dass wir *ganz plötzlich* lustlos, schlecht gelaunt, melancholisch, ohne Antrieb, und manchmal gar unerwartet deprimiert sind.
Nun ist dies meines Erachtens ein sehr "gesundes" Zeichen.
Heisst das doch, dass wir in Wahrheit *zutiefst nicht damit einverstanden sind*, derartig schlecht behandelt zu werden, nicht einmal von uns selber. Und wir werden schlecht behandelt, *und zwar heute von uns selber*, wenn wir Gefühle, die wir haben, ablehnen. Wir lehnen *uns* damit in einem Teil von uns, und nicht selten auch uns *ganz und gar* ab (s.S.35).

Hier möchte ich ein Bild einfügen, mit dem ich in diesem Zusammenhang immer wieder gern arbeite. Dieses Bild tauchte mir vor vielen Jahren in einer eigenen therapeutischen Arbeit als Klientin auf (ich denke, alle, die mit dem inneren Kind arbeiten, kommen da zu ähnlichen Ergebnissen) und begleitet mich seither wie ein Schatz, und wie eine Mahnung:

Ich schlage vor, sich vorzustellen,
jedes Ihrer Gefühle sei ein kleines Kind - *Ihr* kleines Kind.
JEDESMAL, wenn Sie sich wegen ihrer Gefühle schlecht behandeln, behandeln sie dieses kleine Kind schlecht.
Jedesmal, wenn Sie ein Gefühl nicht haben wollen, wollen Sie dieses kleine Kind nicht haben.

Dies trifft im Übrigen neben der Wut auf alle oft "unbeliebten" Gefühle zu, z.B. auf:

- Schmerz

- Trauer

- Neid

- Eifersucht

- Habgier

- Hass

- Rachsucht

- Eitelkeit

- Missgunst

- Stolz

- etc.

Es ist wirklich beängstigend, wie oft wir diese "Kinder" wegschicken, und mit welch grausamer Verachtung wir dies häufig tun.
Ganz sicher schaut es in meinem Bild so aus, dass das Kind, sobald es zur Tür hereinkommt, mit Augenverdrehen begrüsst wird,
mit der Haltung "*ach Du schon wieder!*".
Es wird *angefaucht, zu verschwinden,*
oder es wird ihm einfach nur gezeigt, *wie lästig* es uns ist,
und, dass es *derart unerwünscht ist, dass wir es fast nicht ertragen*,
jetzt nun gerade schon mal ganz und gar nicht.
Und oft genug wird ihm auch mitgeteilt, *dass wir uns seiner schämen*.

So wird dieses Kind so nach und nach nur noch still in einer Ecke vor sich hinvegetieren, bis wir es möglicherweise *ganz vergessen*
(was, Gott sei Dank, nie ganz klappt).

Oh Ja, im Anfang hat es sicher noch, wie fast alle Kinder das in so einem Fall tun, *genervt*, indem es nun erst recht immer wieder ankam, doch *manche* geben halt irgendwann auf, und verkommen dann irgendwo ganz grauenvoll.

Doch selbst dann gelingt es ihnen noch, solange auch nur ein Fünkchen Leben in ihnen bleibt (und es bleibt bis zuletzt ein Fünkchen Leben in Ihnen), die *Hoffnung* aufrechtzuerhalten
und sich uns immer mal wieder - Gott sei Dank - in Erinnerung zu bringen.

Wenn Ihnen dieses Bild zu drastisch erscheint, glauben Sie mir, es ist es nicht !!
Genauso gehen wir oft genug mit unseren Gefühlen um.
Und es ist wohl tatsächlich mit Kindern sehr ähnlich wie mit Gefühlen:
je mehr wir sie ablehnen, desto mehr entkommen wir ihnen nicht.

Ich (ge-)brauche dieses drastische Bild, um sichtbar zu machen, wie entsetzlich *lebensfeindlich* wir häufig mit unseren Gefühlen umgehen
- wir "töten" die Gefühle = wir töten unsere Lebendigkeit -

und wie wichtig es ist, damit aufzuhören.

Dies wird deutlich, wenn Sie noch ein bisschen in dem Bild bleiben und sich vorstellen, wie erlösend es für diese Kinder sein mag, wenn endlich damit aufgehört wird
und sie stattdessen

- geachtet

- gewollt

- und vor allen Dingen *geliebt* sind.

Und selbst dann wird so ein Kind noch häufig genug lange brauchen, bevor es glaubt, dass die Missachtung nun wirklich vorbei ist. Es wird möglicherweise lange brauchen, bevor es wagt, sich wieder voll lebendig auszubreiten.

An dieser Stelle komme ich zurück zu unserer Wut.
Zu dem Zulassen und Erleben der Wut in uns.
Dem **Leben**lassen oder nicht **Leben**lassen der Wut in uns.

Wenn ich mich noch einmal auf das Bild mit dem Kind beziehe, ist es wohl so,
dass diese Kinder vermutlich sehr bald ihre Lektion so gründlich lernen, dass sie nicht nur ihre Lebendigkeit einstellen, sobald die einschränkenden, strafenden Erwachsenen in der Nähe sind. Sie werden so nach und nach *grundsätzlich* ihr Verhalten reduzieren, egal, ob`s jemand sieht oder nicht.
Sie werden, auch wenn sie mit sich allein sind, *nicht mehr stören*.

Hier wird vielleicht am ehesten deutlich, was ich mit dem Unterschied zwischen *erstem* und *zweitem* Schritt meine:

Wenn ich im *ersten* Schritt, wie oben beschrieben, mit meiner Wut Kontakt mache, störe ich sicherlich niemanden - es sieht und hört mich ja keiner -
und so bin ich vielleicht eher bereit, neu auszuprobieren, wie es ist, sich Wut nicht mehr zu verbieten und sie sich auch nicht mehr verbieten zu lassen.

Sollte ich diesen *ersten* Schritt im Beisein von FreundInnen (die hier auf keinen Fall die Adressaten der Wut sein dürfen) machen wollen, so sieht und hört mich zwar doch jemand, doch wird dieser jemand mich nicht durch Verbot stoppen, sondern mich unterstützen.
Solche FreundInnen oder auch z.B. TherapeutInnen/BeraterInnen könnten besonders dann nützlich sein, wenn ich dazu neige, den "Dazwischenfunkern" doch noch viel Raum zu geben.
Die BegleiterInnen werden mich in so einem Fall unterstützen, dies nicht zuzulassen.

Es gilt also, neu zu lernen, dass ich mit meiner Wut ganz mit mir alleine, oder mit Menschen, die mit dieser Wut nichts zu tun haben (denen sie also auch nicht gilt), wieder *lebendig* werden darf, und ihr

in meinem Innen allen Raum zu geben, den sie beansprucht, wenn sie nicht mehr weggedrückt wird.
Das Lebendigwerden der Wut im *ersten* Schritt *in mir* lasse ich *ausreichend* zu , d.h., ich höre nicht eher auf, bis ich sie "in jeder Zelle, in jeder Pore" ausgiebigst gespürt und geschätzt habe.

Ist dies geschehen, und wirklich *erst dann*,
kann ich, wenn es mich nun auch zu körperlichem Ausdruck drängt,
IN EINEM ZWISCHENSCHRITT
z.B. auf Kissen oder Matratzen schlagen*, rumstampfen oder gegen die (gutgepolsterte) Wand treten o.ä. .
Dabei geht es dann also darum, dass die im Innen voll entfaltete Wut auch im Aussen ihren Ausdruck findet.

Die sog. Zwischenstufe rechne ich unbedingt dem *ersten* Schritt zu. Die Unterscheidung zwischen *erstem* und *zweitem* Schritt mache ich da, wo es darum geht, ob die dazugehörenden AdressatInnen *real* anwesend sind oder nicht.

Vielleicht ist es an dieser Stelle noch wichtig, zu sagen, dass es mir natürlich nicht darum geht, dass möglichst viel Wut in die Welt kommt, oder, dass sie gar hier provoziert werden soll.
Es geht darum, dass, <u>wenn</u> sie da ist, mit ihr akzeptierend, vollherzig und frei, ja auch unüberlegt und gerne umgegangen wird, zumindest, solange es sich um den ersten Schritt handelt. All dies gilt auch für den Fall, dass ich Wut "gut versteckt" in mir herumtrage, und sie möglicherweise erst durch das Beschäftigen mit der Schuldarbeit an die Oberfläche drängt.

* Dieses "auf Kissen schlagen" wird häufig als "Kennzeichen" von GESTALTARBEIT angesehen. Es ist aber beileibe nicht das Wichtigste und schon gar nicht das Einzige, was es von GESTALT zu wissen gibt. Daneben wird es sicherlich inzwischen von einigen GESTALTTHERAPEUTINNEN bzw. GESTALBERATERN nur noch selten, wenn überhaupt, angewandt.

Doch nun noch einiges zum *zweiten* Schritt.

Wie bereits an anderer Stelle gesagt, *kann* dieser zweite Schritt folgen, es gibt jedoch keine zwingende Notwendigkeit für ihn. Es ist also ganz und gar in Ihr Belieben gestellt, ob es diesen *zweiten* Schritt überhaupt geben soll.

Im *zweiten* Schritt geht es darum, im *direkten* persönlichen Kontakt meine Wut an den Mann / die Frau zu bringen, die ich für die VerursacherIn dieses heftigen Gefühls halte.
Ich gehe also davon aus, dass da jemand Schuld mir gegenüber hat, und dass ich diesen Menschen mit meinem Ärger, meiner Wut darüber konfrontieren möchte.

Die Erfahrung, die wir bislang damit gemacht haben, ist folgende:

Wenn der *erste* Schritt wirklich vollständig erlebt wurde, ist der *Zweite* meist sehr viel einfacher.

Das liegt daran, dass ich in der Regel sehr viel klarer ausdrücken kann, worum es mir geht.
Da ich mich bereits sehr gründlich mit dem *ersten* Schritt befasst habe, kann ich die Kränkungen und Verletzungen, die der Wut meist zugrundeliegen, sehr deutlich benennen und ich kann leichter dafür sorgen, dass ich auch gehört werde und lasse mich nicht so schnell "hinwegreden".
Eine wichtige Voraussetzung für diese Fähigkeit ist, dass ich mir bereits im *ersten* Schritt die Erlaubnis für meine diesbezüglichen Gefühle gegeben habe, sodass die Angst des "ich darf das doch nicht" nicht mehr gleichzeitig mit der Wut transportiert werden muss, wodurch ich in der Regel viel entschiedener auftrete.

Doch selbst, wenn dies nicht so gut gelingt,
und mein Gegenüber mit Abwehr, mit Empörung, mit Ablehnung reagiert (und sich somit die Schuld "vom Leibe hält"),
oder wenn mir gar die Berechtigung meiner Wut abgesprochen

werden soll, werde ich damit standfester umgehen können, da ich mir die Erlaubnis, *alle meine Gefühle haben zu dürfen*, längst selbst gegeben habe.

Oft haben wir allerdings auch erlebt, dass durch den *ersten* Schritt der *Zweite* gar nicht mehr notwendig schien oder einfach keine Bedeutung mehr hatte.

Zum Schluss noch folgendes:

Die mir so wichtige Trennung zwischen *erstem* und *zweitem* Schritt soll nicht den Eindruck vermitteln,
dass ich grundsätzlich dagegen bin, mit dem *zweiten* Schritt zu beginnen,
nämlich spontan mit Wut herauszupoltern in dem Moment, wo sie entstanden ist, und gleich da, wo sie hingehört,
und nicht erst brav den *ersten* Schritt "im stillen Kämmerlein" abzuwarten.
Im Gegenteil, das direkte, spontane Herausplatzen mit Wut kann eine herrlich erlösende, befreiende Erfahrung sein, die ich auf keinen Fall missen möchte und die oft auch sehr "reinigend" auf alle Beteiligten wirkt.
Letzteres, nämlich dass es *beiden Seiten* mit so einem Wutausbruch gutgehen kann, ist vor allen Dingen dann zu beobachten, wenn er mit voller innerer Erlaubnis stattfindet und nicht gleichzeitig Angst transportiert wird.

Natürlich gäbe es noch eine ganze Menge anderes zu Wut und dem Umgang mit Wut zu sagen, vor allen Dingen auch dazu, wie sehr Wut und Rechthabenwollen - und Rechthabenwollen und Schuld - zusammengehören,
doch dies muss eventuell einmal an anderer Stelle geschehen.
Immerhin geht es in diesem Erfahrungsbericht vor allem anderen um Schuld
UND UM EINEN STRAFFREIEN UMGANG DAMIT.

E R G E B N I S S E

Ja, was kommt denn nun dabei raus ?
Was verändert sich durch die Übung
und durch diese Art und Weise des sich Hinwendens zur Schuld?

Die Antwort ist: sehr sehr viel
und entschieden mehr, als ich und andere zum Zeitpunkt
des Entstehens dieser Arbeit voraussehen konnten.

Und natürlich sind die Ergebnisse z.T. so verschieden, wie die Menschen, die diese Arbeit mit sich machen, und haben doch auch immer wieder viel gemeinsam.

HIER STELLE ICH JETZT EINE SAMMLUNG DESSEN,
WAS MEINE KLIENTINNEN UND KLIENTEN UND ICH
DAMIT ERFAHREN, ERLEBT UND BEOBACHTET HABEN,
VOR

**Zum grossen Teil gebe ich die Berichte und Aussagen wörtlich wieder.
So lässt sich das, was sie transportieren, möglichst direkt erfahren.**

DIE BERICHTE ÜBER VERÄNDERUNGEN SIND GEGLIEDERT IN:

(Bemerkungen dazu sind jeweils wieder versetzt gedruckt)

1)
STICHWORT-AUSSAGEN

2)
PERSÖNLICHE AUSSAGEN ALLGEMEIN

3)
WIE SICH DAS VERHALTEN VON KINDERN IN BEZUG AUF DIE ÜBENDEN ÄNDERTE

4)
WIE SICH DAS VERHALTEN SONSTIGER NAHER MENSCHEN ÄNDERTE

5)
WIE SICH DAS VERHALTEN DER ICH-PERSON GEGENÜBER ANDEREN ÄNDERTE

6)
ABSCHLUSS:

ÜBER DAS VERZEIHEN

UND

ÜBER DAS BÖSE

STICHWORT - AUSSAGEN

ICH GEWINNE:

WEICHHEIT

WACHHEIT

SENSIBILITÄT

NÜCHTERNHEIT

LEICHTIGKEIT

WAHRHAFTIGKEIT

KLARHEIT

SICHERHEIT

GELASSENHEIT GEGENÜBER DEM THEMA

FREIHEIT

GENAUIGKEIT

KONTAKT

HEITERKEIT

AKZEPTANZ

ACHTSAMKEIT

AUSSÖHNUNG

FRIEDEN

ICH ERLEBE:

ENTLASTUNG

ZENTNERLASTEN FALLEN VON DEN SCHULTERN

REINIGUNG

ERLÖSUNG
z.B. von all dem Drückenden des Schuld-nicht-sehen-wollens

EINE GROSSE RUHE KEHRT EIN

ES WIRD HELLER, LICHTER, KLARER

Aus unklaren, immerwährenden Schuldgefühlen komme ich zu einer
KLAREN, BEGRENZTEN SICHT AUF SCHULD

EINE ORDNUNG ENTSTEHT
wo vorher ein diffuser Brei war

Es ist wie auf einem Bildschirm, der vorher verschwommen war,
PLÖTZLICH TRETEN DIE BILDER MEINER SCHULD SEHR DEUTLICH VOR MICH HIN

SCHULDGEFÜHLE LÖSEN SICH AUF

VERWIRRUNG ENTWIRRT SICH

VERKLÄRUNG KLÄRT SICH

ICH BEGINNE, MEHR ZU MIR ZU STEHEN

ICH KANN MIR WIEDER IN DIE AUGEN SEHEN
(und damit auch anderen Menschen)

ICH KANN WIEDER VOR MIR SELBST GERADESTEHEN

ICH BIN "ERLAUBTER" IN DER WELT

ICH WERDE IM RÜCKEN GERADER

MEINE SCHULTERN STRAFFEN SICH

VERHÄRTUNGEN LÖSEN SICH AUF

MEIN BRUSTKORB WEITET SICH

ICH ATME FREIER

ICH FÜHLE EINE GENERELLE ÖFFNUNG IN MEINEM KÖRPER

Diese körperlichen Veränderungen sind häufig sehr deutlich spürbar und sichtbar.

ICH FÜHLE MICH HEILER

ICH FÜHLE MICH GANZER

MEINE SELBSTBESTIMMUNG KEHRT ZURÜCK
(oder kommt erstmalig in mein Leben)

ICH HÖRE AUF, STEREOTYP ZU REAGIEREN

ICH DEFINIERE DEN SCHULDBEGRIFF NEU

ICH GEHE UNERSCHROCKENER MIT SCHULD UM

ANGST UND SORGE VERSCHWINDET

ES ENTSTEHT MEHR KONTAKT ZU ANDEREN

SCHULDZUWEISUNGEN AN ANDERE WERDEN WENIGER

SCHULDZUWEISUNGEN AN MICH RÜCKEN IN EIN ANDERES
(ins rechte) LICHT

ICH VER-URTEILE WENIGER

PERSÖNLICHE AUSSAGEN ALLGEMEIN

"Wenn ich morgens die Übung gemacht habe, wirkt die Klarheit, die Ruhe und der Friede den ganzen Tag durch."

"Ich sehe mich wieder als einen blossen Menschen, nicht als einen Unmenschen, eine Bestie -
meine Scham hat das vorher nicht zugelassen."

"Ich darf es endlich wieder leicht haben."

"Ich beginne, generell zu meinen Taten zu stehen -
dafür geradezustehen."

"Ich ergreife wieder Regie über mein Leben -
vorher fühlte ich mich oft ausgeliefert, resignativ: ich kann ja doch nichts machen."

"Ich fühle mich nicht mehr so verstrickt mit Menschen -
getrennter und gleichzeitig verbundener."

"Ich werde überhaupt nüchterner -
meine Phantasie kriegt ihren (richtigen) Platz."

"Ich bin jetzt viel eher dazu bereit, einen Fehler zuzugeben -
das Darumherumgerede hört auf."

"Meine Sprache wird klarer, direkter."

"Das Versteckspiel hört auf -
ich höre auf, zu beschönigen, zu verharmlosen, zu entschuldigen."

"Ich kann einfach aufhören, immer recht zu haben".

"Ich kriege sehr viel sensibler mit, wenn ich jemandem etwas `antue`- dies geschieht ganz automatisch durch diese Arbeit, ich muss das nicht erst üben oder mich dazu überreden, oder mich dazu zwingen."

"Ich achte sorgsamer darauf, wie ich mit anderen Menschen umgehe."

"Überheblichkeit wird durch Menschlichkeit, Behutsamkeit und Achtung ersetzt."

"Es ist fast so etwas wie ein `Zurückfinden zur Liebe` -
zum Erbarmen,
zum Mitgefühl anstelle von Mitleid."

"Ich mache öfter den Mund auf -
oft ist Schweigen ja auch Schuld."

"Ich merke auch, wieviel Schuld ich habe durch *nicht* tun, durch *nicht* hinsehen, durch *nicht* hören -
musste da auch ans Dritte Reich denken.
Weggucken ist auch Schuld."

"Ich gehe sorgsamer, achtungsvoller und vor allem aufmerksamer mit Menschen um."

"Mein *unerschrockener* mit Schuld umgehen hilft anderen, auch bei ihrer Schuld stehen zu bleiben, statt vor ihr wegzulaufen."

"Es ist unglaublich entlastend, Schuld zu benennen,
aufzuschreiben, sichtbar zu machen."

"Ich spürte richtig, wie Liebesenergie frei wurde."

"Ich sehe die Welt mit ganz neuen Augen."

"Ich habe nie gedacht, wie frei ich mich fühlen kann -
ich gehe ganz anders durch die Welt."

-"Ich erkenne, wie sehr Schuldgefühle-machen als `Erziehungsinstrument` benutzt und missbraucht wird, mit dem angeblichen Ziel, `Besserung` zu erreichen.
Ich kenne dies von Kirchen, Schule, Elternhaus.
Jetzt lerne ich neu, dies nicht mehr zuzulassen, sondern es von der tatsächlichen Schuld zu trennen."

-"Ich entdecke, dass das Unterdrücken von Schuld bewirkt, dass ich den Kontakt zu meinem ganz gesunden Regulativ (Gewissen) verliere, dass ich die Einschätzung dessen, was ich tue oder nicht tue, an andere abgebe.
Durch diesen neuen Umgang mit Schuld gewinne ich meine Einschätzung zurück.
Ich verlasse mich wieder auf mich in dem Gefühl dafür, ob etwas, was ich getan oder nicht getan habe, in Ordnung ist oder eben nicht.
Es ist, als ob ich mit der Zurückgewinnung dieser Fähigkeit auch mich selbst zurückgewinne."

-"Ich entdecke, dass die Einzige, die weiss, was ihre Schuld ist, ich bin."

-"Die Schuldarbeit bringt mich dazu, Verantwortung völlig neu zu definieren.
Die Entkoppelung von Schuld und Strafe führt zu frei-williger Verantwortung. Dieser Begriff war vorher für mich besetzt mit Druck."

Verantwortung wird oft mit Strafe gleichgesetzt, bzw. mit Strafandrohung durchgesetzt.
Sätze wie: "Dafür wirst Du schon die Verantwortung übernehmen müssen" oder "Dafür werde ich dich zur Verantwortung ziehen", werden in der Regel strafend, drohend, machtvoll, ja, machtmissbrauchend gesagt (und gehört), und sie werden entsprechend massiv als Belastung erlebt.

-"Ich kann aufhören damit, dass ich lebenslang an der (falschen) Verantwortung geklebt habe, dass ich Verantwortung lebenslang als Bürde getragen habe."

-"Ich fühle mich \`moralischen Zeigefingern\` gegenüber freier."

-"Ich achte viel mehr darauf, was bei mir Schuldgefühle auslöst, ohne dass es da eine Schuld gibt bei mir - z.B., nicht in ein gemeinsames Schema zu passen, anders zu sein als die anderen etc."

-"Es ist was Wichtiges passiert: ich habe angefangen zu sortieren, was wirklich Schuld von mir ist, und wo andere einfach versuchen, mir Schuldgefühle zu machen, mir \`ne Schuld aufzubrummen.
Zuerst dachte ich, das krieg ich nie sortiert, wie soll ich das denn machen. Aber ich bin dann lange genug dabeigeblieben, und wenn ich wirklich bereit bin, ehrlich zu sein, kann ich das schon ganz gut erkennen, was wirklich meins ist."

-"Ich kann viel mehr dazu stehen, dass ich Fehler mache,
und ich nehme immer öfter Schuld direkt zu mir."

-"Ich verändere meinen Standpunkt, meinen Blickwinkel -
das bewirkt unheimlich viel. Ich schaue dadurch anders auf das, was ich bisher als die Schuld der anderen an mir gesehen habe."

-"Ich finde gerade heraus, wie sehr Schuldgefühle und Scham
zusammengehören - *die Scham deckelt alles zu*."

-"Seit wir diese Arbeit in der Gruppe machen, fühle ich mich viel mehr verbunden, verbündet.
Auch die Kreisübung (DREI-STUFEN-ÜBUNG) trägt sehr dazu bei.
Ich fühle mich getragen durch die anderen.
Ich fühle mich nicht mehr verurteilt.
Ich bin nicht mehr allein damit.
Ich bin nicht mehr im negativen Sinn anders als die anderen.
Ich bin geborgen."

-"Ich habe in der Schuldarbeit herausgefunden, wie oft (jedenfalls bei mir) Schuld auch als Angst daherkommt. Also Schuld in der Verkleidung Angst. Ich hatte immer viel Angst vor allem Möglichen. In der **FÜNF-MINUTEN-ÜBUNG**, merke ich, dass es immer eigentlich um eine Grundangst ging, nämlich, dass herauskommen könnte, was ich alles als Schuld hab. Immerzu war ich in der Haltung: hoffentlich erwischt mich keiner.
Mein Gott, das war wie ein Sturzbach, als ich da erst mal aufgemacht habe.
Im Rücken ist alles leichter,
und ich habe die Schultern aufgerichtet, da fehlt jetzt die Last, und vorne fühlt es sich an *wie ein neuer freier Raum*."

Die körperliche Veränderung war allen in der Gruppe auch aufgefallen.

-"Ich denke jetzt auch anders über Ausländer. Über Ausländerhass. Da hab ich bisher durchaus ein bisschen mitgemacht.
Jetzt denke ich, wir machen diese Menschen einfach zum Sündenbock: die sind eben so unmöglich und benehmen sich so schrecklich, da haben die ja selbst Schuld, wenn sie von uns verachtet werden. Sollen die sich doch so benehmen wie wir. Wir Deutsche können das ja schliesslich auch.
Und genau damit habe ich dann jemanden, dem ich Schuld nachweisen kann und *schon habe ich weniger - oder gar keine.*
Dies ist meine Schuld, dass ich andere zum Sündenbock mache, um mit reiner Weste dazustehen, aber auch die Überheblichkeit und Grosskotzigkeit, die da drinsteckt, die Tatsache, dass ich Menschen zu Menschen zweiter Klasse degradiere. Pharisäertum: wie gut, dass ich nicht bin wie die."

-"Ich bin so viel weicher geworden gegenüber Fehlern von anderen, und gleichzeitig kann ich selber viel eher Fehler zugeben.
Ich laufe insgesamt ganz anders durch die Welt. Ich sehe die

Menschen anders. Früher war das so, dass ich immer gemeint hab, ich muss mich schützen, muss immer aufpassen, sonst nimmt mich jemand aus, haut mich übers Ohr.
Und ganz besonders, wenn ich Fehler zugeben musste (was, wie ich bisher gemeint habe, hiess, dass ich mich schwach mache), wurde es übel. Ich hab vorsichtshalber immer gleich mit `zurückschlagen` reagiert, mit Gegenangriffen.
Ich fühle mich soviel friedlicher jetzt."

-"Ich war immer eine, die "gut" war, ein wirklich guter Mensch, der nie jemandem was Böses antut und natürlich auch nichts Böses will.
Jetzt, in der Schuldarbeit, sehe ich, wie sehr ich damit auch ablenken wollte - mich selbst und natürlich erst recht die anderen - von dem, wie ich wirklich bin, nämlich *innerlich* oft ungerecht, missgünstig, ja gnadenlos und voller Agression.
Aber das hab ich nie nach aussen gezeigt.
Aussen war ich immer die Hilfsbereite, sich Überschlagende, die alles für die anderen tut, bis hin zu so`ner Unterwürfigkeit,
die Heilige. Jetzt weiss ich: die *Schein*heilige.
Meine Schuld ist auch, dass ich damit die anderen immer ins Unrecht gesetzt habe. *Die* waren halt nicht so super wie ich."

Es scheint so natürlich zu sein, dass wir uns so gerne als "gute" Menschen sehen und darstellen.
Ich sehe es als ein weiteres *wunder*volles Ergebnis an, dass wir genau damit aufhören können.
Wir müssen nicht mehr *gute* Menschen sein, wir dürfen einfach schlichtweg *Mensch* sein.
Und das heisst, wir enthalten grundsätzlich *alles* in uns: das sog. Gute *und* das sog. Böse/Schlechte
(Am Ende des Buches gehe ich darauf noch einmal ein).
Wenn wir dies wirklich in vollem Umfang an uns heranlassen,
werden wir statt guter *gütige* Menschen sein können, da in dem Ankommen bei der Wahrheit über uns auch eine *Befreiung der Liebe* liegt.

-"In der Schuldarbeit habe ich herausgefunden,
wie stark Schuld und Sexualität verknüpft sind bei mir.
Es schien immer so, als ob ich eigentlich ungewöhnlich frei sei in der Sexualität, doch in Wahrheit habe ich wohl immer Schuldgefühle damit verbunden. Und da bin ich ganz bestimmt auch nicht der Einzige, dem das so geht.
Das ist ja wohl nicht zuletzt auch durch die Kirchen oder durch puritanische Eltern so in uns eingepflanzt.
Jetzt, wo ich meine Schuld auf anderen Gebieten, auf allen anderen Gebieten anschaue, beginne ich, *sie von der Sexualität zu trennen*.
Da war viel unnötige Schuld.
Ich fühle mich jetzt in meiner Sexualität viel freier, *richtig frei* !
Es ist soviel mehr Spass in mir dabei jetzt. Ich geniesse viel mehr *wirklich* und in Hingabe, und ohne Bremse.
Und ich achte entschieden deutlicher darauf, was ich möchte und was ich nicht möchte. Ich muss nicht mehr den grossen Larry spielen, der soviel lockerer ist in der Sexualität als alle anderen."

Hier ist es sicherlich gut, grundsätzlich einmal diesen Zusammenhang anzuschauen.
Mich interessiert hierbei vor allem, wieviel von der *tatsächlichen* Verbindung von Schuld und Sexualität, wie wir sie in
Vergewaltigung, Missbrauch etc. finden, vielleicht auch gerade deshalb soviel Raum nimmt,
weil irgendwann einmal die Botschaft in die Welt kam:
Sexualität *ist* Schuld.
Schauen wir auf den Mythos der Jungfrauen:
"Jungfrauen sind unschuldig".
Dies heisst,
in dem Moment, in dem ich mit der Sexualität beginne, beginne ich mit Schuld.
Bei Männern scheint dies zwar nicht so (wichtig) zu sein, immerhin gibt es nicht den Mythos "unschuldiger Jungmann", dennoch ist die fatale

Verknüpfung von Schuld und Sexualität so tiefgreifend in der Welt, dass sie uns natürlich alle betrifft. Bei Männern greift dies spätestens da, wo sie Frauen "die *Unschuld* rauben" und somit an der Schuld beteiligt sind.
Auch wenn heute Sexualität durchaus "befreiter" gelebt wird, sind diese uralten Festlegungen auf Sexualität als Schuld ganz sicherlich bei körperlichen Begegnungen immer noch häufig "heftig am mitmischen".

-"Ich merke durch die Übung, wie sehr ich mir immer eins in die Tasche gelogen hab. Ich hab immer gemeint, ich bin eine, die Verantwortung nimmt,
die auch zugeben kann, wenn sie etwas falsch gemacht hat.
Auch meine Freunde würden das bestätigen.
Aber gerade dahinter hab ich meine eigentliche Schuld verborgen.
Trickreich, nicht ?
Ich war zu schnell bereit, Schuld zuzugeben.
Das blieb dann immer nur vorne an, war mehr für die anderen.
Weil es ein tolles Bild macht: da ist eine, die kann Fehler zugeben.
Das war aber immer nur oberflächlich.
In der Tiefe war ich weit entfernt von Schuld annehmen.
Heimlich hab ich immer gedacht, die andern sind schuld.
Aber eben, es macht ein gutes Bild.
Uff !!
Das ist jetzt anders.
Es ist im übrigen auch eine Schuld von mir, anderen da was vorgelogen zu haben."

-"Ich habe mitgekriegt, wie sehr ich Menschen manipuliere.
Wie sehr ich dafür sorge, dass sie genau das tun, was ich sage.
Das gelingt mir mit Schmeicheln, mit Weinen, mit Drohen, mit "Opfer" spielen, d.h., deutlich machen, es geht mir ja so schlecht, da kannst du doch nicht ...... so und so zu mir sein.
Das kriege ich mit fast allen meinen Freunden hin. Es geht mir oft

dann gar nicht so schlecht, aber ich setzte sie damit so gut unter Druck, das funktioniert immer.
Jetzt, als ich die **FÜNF-MINUTEN-ÜBUNG** mit einer meiner Freundinnen gemacht habe, ist mir das deutlich geworden, und den ganzen Tag über und auch die ganzen folgenden Tage fielen mir immer mehr Situationen und Menschen ein, mit denen ich dieses Spiel auch spiele.
Da wurde mir richtig schlecht.
Das ist wirklich nicht leicht, da ehrlich hinzuschauen.
Und gleichzeitig so gut.
Es ist wie ein Erdrutsch. Ich muss mein ganzes Leben infrage stellen. Da stürzt das ganze Gebäude ein, da bleibt kein Stein mehr auf seinem Platz.
Und ich habe ziemlich viel Angst, vor dem, was jetzt kommt. Wenn ich nicht mehr überall den Griff drauf habe. Das ist, wie vor den Scherben stehen, und noch nicht wissen, wie das Neue aussieht, und, ob da überhaupt was Neues kommt.
Dennoch *ist es total gut*.
Jetzt will ich lernen, wie ich das, was ich mir durch diese Spiele geholt habe, auf direkte (ehrlichere) Weise bekommen kann. Ich habe das Gefühl, bei dem Kern angekommen zu sein, bei mir angekommen zu sein, wie ich wirklich bin. Ohne dieses ganze Theater. Das war ja auch immer so anstrengend. Immer die Regie behalten.
Mein Leben ist grad sehr, sehr spannend. Ich habe ja auch auf einmal soviel mehr Energie für alles - ich bin so neugierig auf mich."

Dieses Beispiel steht für viele ähnlicher Art, in denen deutlich wird, dass diese Arbeit zwar in der Gesamtheit erleichternd und oft auch wirklich leicht ist,
dass es auf ihrem Weg aber auch immer mal wieder zutiefst Erschütterndes auszuhalten gilt.
Natürlich ist es für viele von uns manchmal nicht einfach, die Wahrheit über sich anzuschaun,
besonders, wenn es dabei um Grausamkeit,

Hinterhältigkeit, um Böses und Gemeines, um Gewalttätiges und bislang Verstecktes, um Manipulationen oder um blanke Gier etc. geht.
Wir alle sehen uns "natürlich" viel lieber als die sog. "guten" Menschen, wie oben bereits beschrieben.
Dennoch ist es eben wirklich wunderbar, mit dieser Lüge aufzuhören und den Zugewinn an Freiheit und Energie so deutlich körperlich zu erleben,
und gleichzeitig zu merken, wieviel mehr SPASS es macht, mit mir und den Menschen um mich herum mit Achtung und Ehrlichkeit umzugehen.

Doch da es in dieser Arbeit auch zu wirklich erdrutschartigen Erschütterungen kommen kann, besonders, solange wir uns noch mit irgendeinem Teil in uns gegen die ganze Wahrheit wehren (uns schützen),
empfehle ich, wie im Beginn des Buches sehr deutlich gemacht, zumindest die ersten Schritte mit erfahrener Begleitung zu tun.
Damit ist sichergestellt, dass Sie in solchen "Aufbrüchen" nicht ohne Unterstützung sind, sondern Ihre Wahrheit anschauen und aufarbeiten können.
Und es ist sichergestellt,
dass sie an diesen Stellen nicht in Selbstanklagen oder allzutiefer Erschütterung über sich stecken bleiben.
Andernfalls verlieren Sie vielleicht auch die Lust auf weitere "Schuldschau", was sehr sehr schade wäre.

Bevor ich nach dieser Sammlung allgemein gehaltener Aussagen zu den konkreten personenbezogenen Berichten komme,
hier noch ein kleiner Ausflug zu den sog. INNEREN ANKLÄGERN,
die in dem *Gefühl*, Schuld zu haben, eine so wesentliche Rolle spielen.

Immer wieder wird berichtet,
dass diese Art der Schuldarbeit es sehr viel leichter macht, zur Selbstbestimmung, zur Selbstbeurteilung zurückzufinden.
Ich nehme künftig genau die Stimmen aus mir heraus, die in Wahrheit nämlich verhindern, dass ich zu einer klaren Schuldsicht komme.
Die "ewigen" INNEREN ANKLÄGER werden zum Schweigen gebracht, und durch eigene Be- (nicht Ver-)urteilung ersetzt.
Dies halte ich für einen sehr wichtigen Teil der Schuldarbeit.

Die "INNEREN ANKLÄGER" sind in der Regel die *meist schimpfenden* Erwachsenenstimmen meiner Kindheit, die ich so sehr in mich aufgenommen habe, dass ich sie nun als meine eigenen Stimmen höre. Dies oft genug, ohne mir dessen bewusst zu sein
(Im Abschnitt WUT tauchten sie schon einmal ähnlich als "Dazwischenfunker" auf).
Ich erlaube damit immer noch meinen Eltern oder anderen Bezugspersonen der Kindheit, nun mit *meiner* Stimme zu reden, d.h., weiterhin be*stimm*end in mein Leben einzugreifen.
Ich "höre" weiterhin auf sie und lebe entsprechend immer noch weitestgehend nach ihren Moralvorstellungen, nach ihrer Festlegung dessen, was gut und böse, was falsch und richtig ist.
Solche "INNEREN ANKLÄGER" lassen sich leicht orten, wenn ich die Aufmerksamkeit auf den Tonfall lenke, mit dem sie zu mir sprechen.
Fast durchweg kommen diese Stimmen fordernd, befehlend, schimpfend oder eben direkt anklagend daher, und ich reagiere in meinem Körper mit Anspannung, mit innerem Druck, oft auch mit Resignation, vor allem aber mit Schuld*gefühlen*, mit sog. "schlechtem" Gewissen.
So komme ich dann auch zu dem "ewigen" schlechten Gewissen, das viele von uns kennen:

Um diesen "inneren Anklägern" wenigstens zeitweise zu entkommen, gewöhne ich mir an, schon mal prophylaktisch ein schlechtes Gewissen zu haben. Ich wiege mich in der (falschen) Sicherheit, dass die Anklagen dann weniger schlimm sein werden.

Leider kommt dieses - vorbeugend schon mal mit einem schlechten Gewissen herumlaufen - einem fatal resignativen "wahrscheinlich bin ich eh` wieder Schuld, oder an allem Schuld" gleich. Und damit ist das *tatsächliche* Annehmen von Schuld *an der richtigen Stelle* sehr gründlich verhindert.

Natürlich will ich hier dennoch keineswegs den Eindruck erwecken, dass es sinnvoll sei, nie mehr auf etwas, was wir von unseren Eltern oder anderen Bezugsmenschen in unserer Kindheit gehört und mitbekommen haben, zu "hören" .
Im Gegenteil, wie wunderbar kann es sein, im Erwachsenenleben in bestimmten Situationen plötzlich den liebevoll besorgten Blick der Mutter, des Vaters (oder von Onkel, Tante, Grossmutter etc.) auf mir zu fühlen, und zu "hören", "Kind, sei bitte vorsichtig" o.ä.
Und immerhin gab und gibt es ja durchaus auch liebe- und achtungsvolle Erwachsene, die mit einem "Vergehen" ihrer Kinder klar, sachlich, schützend und *nichtstrafend* umgehen, und dabei die Würde des Kindes nicht verletzen.

Es geht mir hierbei jedoch um die Freiwilligkeit, mit der ich diese Sätze höre, und darum, ob ich mich auch als "uralte Erwachsene" immer noch nach ihnen richten *muss*, oder eben nicht.

In der Schuldarbeit, wie sie hier beschrieben ist, lerne ich nun, die Spreu vom Weizen zu trennen.

Es fällt mir leichter, unberechtigte Anklagen abzulehnen.
Es fällt mir leichter, *generell* Anklagen abzulehnen
und stattdessen um HINWEISE zu bitten.

Hinweise sind wertfrei. Zumindest sollten sie es sein. Sie helfen mir,

stehenzubleiben und meine Schuld anzunehmen.
Ich "höre" und reagiere nur noch auf Hinweise und nicht mehr auf Vorwürfe etc.
Dies gilt in gleichem Masse für von aussen Kommende als auch für die "inneren" AnklägerInnen.

Die "ewigen" inneren (und äusseren) Anklägerinnen und Vorwerfer bewirken dagegen bei fast jeder und jedem von uns, dass wir mit Abwehr reagieren.
Dies äussert sich in Trotz, in endlosen "Verteidigungsreden" - wer von uns kennt das nicht -
und in inneren Dialogen, die oft bis in die (schlaflosen) Nächte hinein weitergeführt werden.

Und, da wir uns hier meist un-gerecht behandelt fühlen, sind wir auch schnell bei den Gegenanklagen.

Beliebt ist an so einer Stelle auch die die Rolle des "Daueropfers" mit der resignativen Haltung des "ich bin ja doch immer an allem schuld".

Ist die Resignation sehr weit fortgeschritten,
gehen wir in die "Versteinerung" und lassen nichts mehr an uns heran, wir werden "cool".

Dies alles verhindert einen angstfreien Umgang mit Schuld, und nicht selten kommen wir dann (meist ohne es bewusst wahrzunehmen) zu einer inneren Haltung, die da heisst:
" ICH BIN NIE AN ETWAS SCHULD ".

Erfreulicherweise sind gravierende Veränderungen an genau dieser Stelle von fast allen, die mit dieser Methode arbeiten, berichtet worden.

WIE SICH DAS VERHALTEN VON KINDERN IN BEZUG AUF DIE ÜBENDEN ÄNDERTE

Wirklich verblüffend war für uns zunächst auch das, was durchweg alle Klientinnen und Klienten berichten, die in einem familiären Zusammenhang leben und die die **FÜNF-MINUTEN-ÜBUNG** zum Beispiel mit einem ihrer Kinder (oder dann nach und nach mit allen Kindern) mach(t)en.
Bei allen, selbst bei noch sehr kleinen Kindern, wurde beobachtet, dass sich das Verhalten der Kinder änderte. Ohne, dass eins dieser Kinder wusste, meine Mutter oder mein Vater beschäftigt sich jetzt gerade in einer Übung mit mir.

Aussagen dazu sind:

Klientin S:
"A. ist plötzlich *liebevoller, weicher* zu mir.
Wenn wir zusammen sind, fliesst irgendetwas Warmes, Gutes zwischen uns.
Ich spiele jetzt auch viel lieber mit ihm, das war sonst eher so: na ja, das braucht er halt. Jetzt machts mir richtig Spass, weil ich wirklich nach ihm schaue, ihn wahrnehme."

Klientin W:
"K. wurde sehr viel *zärtlicher*. Sie sucht jetzt wieder öfter meine Nähe."

Klient O:
"L. *schmust plötzlich wieder mit mir*, das hat er lange nicht mehr gemacht. Ich bin ganz erstaunt darüber und geniesse es."

Klient D:
"B. hat *aufgehört, so agressiv zu sein*, was uns beiden guttut.

Klient F:
"R. ist *aufmerksamer* mit mir, wir sind wieder viel mehr im Kontakt. Ich bin dadurch einfach nicht mehr soviel böse auf ihn. Ich muss nicht mehr immerzu an ihm herumerziehen. Und er ist einfach völlig anders zu mir als sonst."

Klientin G:
"Wenn ich mit P. zusammen bin, fühle ich mich ihr sehr viel *näher, verbundener* und sie sich sehr deutlich wohl auch. Wir sind dann *wirklich* zusammen."

Klient V:
"Irgendetwas hat sich *gelöst* zwischen uns. Die Atmosphäre zwischen O. und mir ist entspannter."

Klientin U:
"Ich hatte immer Schwierigkeiten mit F., wenn es um die Hausaufgaben ging. Da gab es immer zuerst einmal "Krieg".
Jetzt ist es so, als habe sie begriffen, dass ich den Krieg rausgenommen habe, und als ob sie das jetzt auch tun könnte.
Sie hat jetzt mehr Respekt vor mir. Aber ich auch vor ihr. Wir *achten einander*, das ist wie ein Geschenk des Himmels."

Klient H:
"W. will jetzt immer mal wieder *gerne etwas mit mir zusammen machen*. Er war sonst eigentlich schon so fügsam, nach dem Motto, der Alte hat ja doch keine Zeit für mich, also hab ich mal auch keine Lust mehr dazu. Dann tut`s ja vermutlich auch weniger weh für so`n Kind. Jetzt haben wir richtig Spass miteinander und machen viel Blödsinn."

Klientin T:
"V. will jetzt seit neuestem wieder Gutenachtgeschichten von mir. Damit hatte sie mich mal sehr gekränkt, weil sie die plötzlich nicht mehr wollte. Sie merkte damals wohl, dass ich sie lieber schon grösser gehabt hätte. Sie sollte für mich schon weiter sein, als sie war.

Jetzt ist sie wieder weicher geworden, *vertrauensvoller* und das ist unheimlich schön."

Klientin A:
"H. war seit längerer Zeit sehr verschlossen. Ich kam einfach nicht mehr an sie ran. Und ich hab mir grosse Sorgen gemacht, weil ich ihr so auch nicht helfen konnte. Jetzt hat sie mir neulich wieder ein Geheimnis anvertraut. Das ist ein Anfang.
Ich sehe das so:
sie hat sich *mir wieder anvertraut*."

Klient L:
"Mein Sohn ist mit einem Mal viel leichter dazu zu kriegen, mal etwas *für mich zu tun*. Er spürt anscheinend, dass ich da fairer mit ihm bin. Früher hab ich da immer so meine Macht ausgespielt. Jetzt achte ich darauf, dass ich ihn nicht mehr überfordere, und dass ich auch immer mal was für ihn tue. Das ist richtig gut."

Klientin C:
"J. wird jetzt allmählich wieder zu einem *richtig fröhlichen* Kind. Überhaupt wieder zu einem Kind. Seit der Scheidung habe ich sie wirklich als Gegenüber für meinen Schmerz missbraucht. Sie wurde da zu einer kleinen Erwachsenen. Sie war ja fast die Mutter für mich. Seit ich das in der Schuld-Übung gesehen habe, hat sie wieder `ne Chance, klein zu sein.
Grausig, wie ich so etwas tun konnte. Und ich bin so dankbar, dass es noch nicht zu spät ist."

Wie kommt so etwas zustande - wie erklären sich solche Phänomene ?
Kinder sind in der Regel sehr sensitive Menschen. Sie spüren sehr genau, was in ihrer Umgebung geschieht, was mit den Menschen um sie herum los ist, und sie stellen sich darauf ein
(Wunderbar nachzulesen im DRAMA DES BEGABTEN KINDES von ALICE MILLER).

Mache ich die Schuldarbeit mit meinem Kind, so löse ich zunächst einmal Verhärtungen in mir meinem Kind gegenüber.

Seltsamerweise nehmen wir es den Menschen, und also auch unseren Kindern ja oft übel, wenn wir sie schlecht behandelt haben und verhärten uns dann noch mehr.

Mein Kind spürt es sofort, wenn ich weicher werde und wird augenblicklich mit eigener Weichheit reagieren, da Kinder sich nach nichts so sehr sehnen, wie weich und fliessend, und vor allen Dingen störungsfrei mit ihren Eltern zu sein.

Ich rede hier übrigens von einer Weichheit, die durchaus auch sinnvolle, liebende Härte enthält.

Diesem störungsfreien, weichen Fliessen stehen erstaunlicherweise am häufigsten Schuldgefühle der Eltern, bewusst oder unbewusst, im Weg.
Gerade Kindern gegenüber machen wir uns ja meist entweder zuviel Schuldgefühle oder zuwenig bis gar keine Gedanken um eigene Schuld.

In beiden Fällen ist unser Handeln eindeutig von Schuld bestimmt - wir kleben an der Schuld -
ob wir das nun wahrhaben wollen, oder nicht.

Zuviel Schuldgefühle -
das sind die Mütter (und Väter), die das Dauergefühl haben, als Mutter nicht gut genug zu sein. Oder die sich überhaupt für eine ganz und gar schlechte Mutter halten, und die deshalb mit "ewigen" Schuldgefühlen herumlaufen (und aus guten Gründen meist andere Menschen damit nerven).

In meiner Arbeit begegne ich diesem Phänomen häufiger bei Frauen, als bei Männern, vermutlich, weil in unserer Gesellschaft immer noch eher von FRAUEN erwartet wird, dass sie gute MÜTTER sind, als von Männern, gute Väter zu sein.

Und zuwenig -
das sind die "ewig" ihren Kindern Schuld zuweisenden Väter (und Mütter), die sich ständig auf jedes noch so kleine "Vergehen" stürzen und die in der Regel zugleich sehr fordernd und strafend sind.

Dieses Phänomen treffe ich häufiger bei Männern an. Vermutlich, weil von VÄTERN nach wie vor verlangt wird, die ERZIEHER zu sein, den harten und strengen Teil zu verkörpern; auch wenn sich in dieser Verteilung schon eine ganze Menge verändert hat und sich weiter bewegt.

Beide Phänomene haben meines Erachtens das gleiche Ziel, nämlich Abwehr, Ablenkung von eigener Schuld. In beiden Fällen geht es nicht eigentlich um das Kind. **Wobei niemand erstaunter wäre, das zu hören, als gerade diese Väter undMütter.**
Das tatsächliche Kind ist hierbei selten im Blick. Es fehlt das wirkliche Hinschauen auf mein Kind, auf das, was es braucht und, noch wichtiger, auf das, was es ist.
Mein Kind ist ja ein eigener, von mir ganz und gar getrennter Mensch.
Das sich wirklich um des Kindes willen sorgen und bemühen fehlt in diesem Zusammenhang fast vollständig (An anderen Stellen mag das von den gleichen Vätern und Müttern durchaus liebevoll da sein).

Im ersten Fall geht es um die Mutter und ihr Sein

oder Nichtsein in der Welt,
und um die Bewertung, die sie in der Welt für`s Muttersein erwartet
(ich hätte so gerne die Note 1 und kriege doch immer nur `ne 4).
Mit Sicherheit ist sie *sich* in den "ewigen" Augenblicken der Schuldgefühle viel wichtiger als das Kind, um das es da scheinbar geht.

Im zweiten Fall handelt es sich um Ähnliches.
Auch hier erwartet der Vater "gute Noten", d.h., eine gute Bewertung in den Augen anderer.
Vordergründig natürlich wieder fürs Kind: es ist doch so wichtig im Leben, dass es sich anständig benimmt etc.
In Wahrheit gehts aber auch hier um die Bewertung, die der Vater für sich erhält: mein Kind ist so und so, gut erzogen, anständig, fleissig, pflichtbewusst etc. etc., also werde ich gute Noten bekommen. Schliesslich erziehe ich das Kind, es ist mein Kind, mein Produkt*.

Ich höre geradezu den empörten Aufschrei vieler Mütter und Väter.
Nun, Sie können sich damit helfen, dass dies lediglich *meine* Sicht der Dinge ist, und nicht die Ihre.
Oder - Sie können sich zumindest einmal ehrlich fragen, ob da nicht vielleicht doch "was dran" ist.
Vielleicht ist es in Ihrem Fall nicht ganz so krass, oder Sie gehören zu den wenigen, auf die es überhaupt nicht zutrifft.

Ich komme noch einmal zurück zu der Tatsache, dass wir es Menschen, in diesem Fall unseren Kindern, häufig übelnehmen, wenn wir sie schlecht behandeln.
So absurd das auch sein mag.
Diese Wahrheit verstärkt wohl noch in fataler

Weise das Bedürfnis, an unserem Kind Schuld zu finden. So ist dann mein-ihm-böse-sein wenigstens im nachhinein berechtigt und ich bin somit ohne Schuld.

Wenn ich nun durch die Schuldarbeit mit diesen "Spielen" aufhöre, ist die Entspannung für das Kind sofort deutlich spürbar, und da Kinder so gerne Liebe geben und empfangen, werden sie sich uns entsprechend wieder in der oben beschriebenen liebevollen und offenen Art und Weise zuwenden.

*

Hier bewege ich persönlich auch immer mal wieder die Frage, ob die Bezeichnung *mein* in Bezug auf Kinder, (Ehe-)PartnerInnen etc. nicht zu ersetzen wäre durch eine weniger besitzergreifende Bezeichnung. In dem Zusammenhang ist vielleicht das biblische: "Weib, was habe ich mit dir zu schaffen", welches Jesus gegenüber seiner Mutter ausdrückt (Hochzeit zu Kanaa) ganz interessant.

WIE SICH DAS VERHALTEN SONSTIGER NAHER MENSCHEN ÄNDERTE

Ähnliches Verändern im Verhalten, weicher, zugewandter, liebevoller, aufmerksamer, wird auch von anderen "nahen" Menschen, wie PartnerInnen, Geschwistern, Eltern, Freunden etc. berichtet.
Ebenfalls ohne Wissen um die Übung.

Aussagen dazu sind:

Klient B:
"Ich habe immer viel Schulden gemacht, obwohl ich das manchmal durchaus auch anders hätte regeln können. Ich glaub, dass ich damit auch von meiner eigentlichen Schuld im Leben ablenken wollte.
Es ist immer so gewesen, alle wussten, er hat ja (schon) so eine Schuldenlast, der Arme.
Da kommt man gar nicht auf die Idee, dass dahinter Schuld steckt.
Das ist gut, dass ich das jetzt sehe.
Ich will jetzt meine Schulden abbauen
und Verantwortung für mein Leben übernehmen.
Es war ja auch immer so`ne Haltung in mir: die Welt hat mir soviel angetan, jetzt müssen sie auch für mich bezahlen.
Meine Frau und meine Kinder haben ja auch immer mit darunter leiden müssen. Es ging ja immer vieles nicht. Eine Schuld von mir ist, ich hab mich nicht darum gekümmert. Ich war immer nur ein armes Opfer. Und nicht der Täter, der Verantwortliche für die Misere. Sie mussten halt meine Schuld(en) mittragen.
Und was das Spannende ist, meine Tante, der ich ein paar Tausender schuldete, hat mir gerade diese Schuld erlassen,
ausgerechnet jetzt, wo ich bereit bin,
meine Schuld zu mir zu nehmen,
meine Schulden zu mir zu nehmen.
Sie wusste ja aber gar nichts davon, wir hatten in der letzten Zeit gar keinen Kontakt."

Klientin R:
"Ja, was ich auch beobachte, ist,
dass dadurch, dass ich mich so intensiv mit meiner Schuld befasse, und bereit bin, jetzt wirklich da hinzuschauen, die Menschen in meiner Umgebung auch viel weicher werden und auch viel eher mal einen Fehler zugeben können, oder auch tatsächlich plötzlich von ihrer Schuld mir gegenüber anfangen zu reden. Das finde ich verblüffend.
Mein Vater kam neulich an, und *sprach über das, was er an mir falsch gemacht hat*. Und er hat da wirklich auch einiges an Schuld.

Klientin K:
"Meine Mutter hat sich zum ersten Mal wirklich zu mir gesetzt und sich Zeit für mich genommen, mich angeschaut und *wirklich nach mir gefragt*.

Wichtig ! Dies geschieht, ohne dass auch nur im geringsten irgendetwas von der Schuld oder der Schuldarbeit zur Sprache gekommen ist. Es war also eine ganz alltägliche Begegnung "wie sonst auch".
In der Tiefe allerdings anscheinend ganz und gar nicht wie sonst auch:
K. hatte sich verändert, K. hatte ihre Haltung ihrer Mutter gegenüber, ihren Standpunkt verändert, was durch die Schuldarbeit automatisch geschieht.

Klientin N:
"Wir hatten seit Jahren keinen Kontakt mehr.
Plötzlich ruft mein Vater mich an und fragt, wie`s mir geht, und ob wir uns nicht mal treffen wollen und klingt dabei, als wäre er überhaupt nicht mehr sauer."

Klient Z:
"Mein Bruder ist normalerweise einer, der nie Blickkontakt macht.

Gestern, als ich ihn traf, *hat er mich angeguckt, zum ersten Mal in meinem Leben*. Ich meine, so richtig angeguckt und nicht ausgewichen."

Klientin T (39 Jahre alt):
"Wir wurden plötzlich *gleichberechtigter*, meine Mutter und ich. Sie behandelt mich nicht mehr wie ein Kind. Und das ist wunderbar. Ich fühle mich, als sei ich zum ersten Mal erwachsen. Ich kann Euch gar nicht beschreiben, wie toll sich das anfühlt.
Ich habe ein ganz befreites und offenes Gefühl im Brustkorb."

Dies ist wirklich ein ganz wunderbares Ergebnis der Schuldarbeit.
Durch die nicht genommene Schuld halte ich mich häufig in einem Zustand des Kindbleibens, des Kindes, dem immer noch von den Eltern Strafe droht, wenn es sich nicht richtig verhält. Es bringt mir natürlich auch den Vorteil, dass ich die Verantwortung weiter abgeben kann.
In der Schuldarbeit nehme ich die Verantwortung auf eine gute Weise wieder ganz zu mir und werde damit endlich erwachsen.

Klient B:
"Kürzlich riefen meine Eltern mich an und waren *einfach nur nett*, während sie sonst in jedem Telefonat versuchen, mich anzutreiben, zu meckern, weil ich dies noch nicht gemacht habe und das noch nicht geschafft habe. Ich war bisher nie richtig für sie."

Klientin S:
"Meine Schwester hat wieder *Kontakt zu mir aufgenommen*"
(war wegen eines Streites abgebrochen).

Klient L:
"Ich habe einen Freund, mit dem ich bisher nie über persönliche Dinge reden konnte. Er hat solche Versuche meinerseits immer

peinlich gefunden und ist mit Witze machen drüber weggegangen. Ich habe dann innerlich immer mit Überheblichkeit reagiert, schliesslich war ich ja auf dem Gebiet "der Bessere". In den fünf Minuten habe ich auch dieses als meine Schuld zu mir genommen, und er weiss davon aber gar nichts. Jetzt *öffnet* er sich plötzlich und wir hatten vorgestern ein sehr gutes Gespräch. Wir haben bis in die Nacht hinein geredet und er hat mir viel von sich erzählt, von seinen Sorgen und Ängsten und, was er sich wünscht. *Er hat mich richtig ernst genommen* und ich ihn. Das war sonst nicht so."

Klientin H:
"Mein Vater hat mir gestern 5oo.- DM geschenkt, um mir aus einer Schwierigkeit zu helfen, obwohl er vorher immer gesagt hatte, das hast du dir selbst eingebrockt, damit musst du auch allein fertig werden."

Klient E:
"Meine Frau wollte in den letzten Jahren sexuell nicht mehr viel von mir wissen, sie hat mich als aufdringlich empfunden. Wir hatten jetzt wieder eine *wunderschöne Begegnung im Bett*. Und, was fast noch wichtiger ist, wir haben angefangen, darüber zu reden."

Klientin P:
"Da gibt es einen Nachbarn, der immer am Nörgeln ist. Die Kinder sind zu laut. Der Hund macht Dreck. Wir spielen die falsche Musik.
Der hat mir neulich eine Blume über den Gartenzaun gereicht.
Ich war völlig perplex."

Klientin I:
über ein Wohngemeinschaftsmitglied W., mit dem sie im Dauerstreit lag.
"W. ist plötzlich einfach *nur freundlich* zu mir.
Das wurmt mich richtig."

Anscheinend vermisst I. den "gewohnten Krieg". Dies kann bedeuten, dass die Schuldarbeit noch

nicht ganz zu Ende gemacht ist und I. noch weitere Schuld anzuschauen hat. Oder aber,
I. hängt noch an dem Ärger auf W. fest und braucht es noch, den haben zu dürfen.

An solchen Stellen werde ich oft gefragt, "und was ist mit deren/dessen Schuld mir gegenüber?"
Die Antwort ist:
Ob Deine Gegenüber bereit sind, ihre Schuld anzuschauen, ist nicht Deine Sache.
Wenn Du es brauchst, Deinen Ärger (oder Schmerz oder Verletzung) gegenüber diesen Menschen und dem, was sie Dir angetan haben, noch auszudrücken, dann tue es. Aber verlange, fordere nicht von ihnen, auch diese Schuldarbeit zu leisten. **Ja, bitte sie nicht einmal darum.**
Vielleicht wird es geschehen, dass die Menschen merken, *dass Du Dich veränderst*, dass Du weicher und offener geworden bist, weniger "Krieg" führst etc., und sie werden Dich fragen, was dahintersteckt.
Dann kannst Du ihnen von der Übung erzählen, und vielleicht bekommen sie Lust, sie auch zu machen. Doch es ist ganz und gar ihre Sache und ihre Verantwortung, wie sie mit ihrer Schuld umgehen.
Das meine ich sehr ernst:
An solchen Stellen **bitte keine Missionsarbeit**, weil Dir die Übung soviel Gutes bringt.

Dies sind einige von den Fällen, in denen die "SchuldarbeiterInnen" selber scheinbar äusserlich zunächst noch überhaupt nichts verändert haben.
Sie haben "lediglich" die Übung gemacht.
Und damit bereits eine ganze Menge verändert.

WIE SICH EINSTELLUNGEN UND VERHALTEN DER ÜBENDEN GEGENÜBER ANDEREN VERÄNDERTE

Nun kommen wir zu den Fällen, in denen von eigenen, sehr deutlichen Veränderungen im Verhalten, aber auch in Bewusstheit und in den Einstellungen, ganz besonders im Kontakt mit anderen, berichtet wird.

Hier die Aussagen:

Klient K:
"Durch diese Schuldarbeit finde ich es plötzlich ganz leicht,
meinem Sohn zu sagen, das und das habe ich wirklich falsch gemacht.
Ich habe das sonst immer abgeschmettert, wenn er mir was vorgeworfen hat. Entweder indem ich gesagt hab, `Das war doch gar nicht so`, oder, `Es tut mir ja auch leid, aber ich konnte doch damals nicht anders, die Umstände waren ja einfach so, das war ja für mich auch schwer`.
Ich merke jetzt, wie sehr ich ihn mit meinem `Es tut mir ja auch leid, ich konnte halt nicht anders` ins Leere hab laufen lassen.
Ich bin nicht stehengeblieben und hab gesagt,
ja, das habe ich getan und das war wirklich Mist!
Und dann hab ich ihm auch noch gegrollt, weil er mich in dem Punkt durchschaut hat, und mich immer so prüfend angeguckt hat.
Jetzt können wir beide darüber lachen. Das ist toll!

Klient D:
"Ich habe doch tatsächlich aufgehört, ständig an meiner Frau herumzunörgeln,
weil ich gesehen habe, wie sehr ich das mache, um mich selber als Boss zu fühlen, als der Stärkere, der weiss, wo`s langgeht.
Das war wirklich nicht einfach für mich, das zuzugeben.
Ich habe jetzt viel mehr Anerkennung und Achtung für meine Frau und auch von ihr."

Klientin H.
"Ich habe immer ein bisschen über meine Nachbarn die Nase gerümpft, mich für besser, gebildeter usw. gehalten.
`Das sind halt nur Arbeiter, mit denen verbindet mich nichts`,
ja, das war wirklich meine Haltung, für die ich mich heute schäme.
Neulich hab ich mich zum ersten Mal für sie interessiert. Und das war ein so guter Kontakt."

Klientin C:
"Ich glaubte immer, mein Vater liebt mich nicht.
Das Einzige, was ich je von ihm bekommen habe, ist Materielles.
Er hat mir Geld gegeben statt Zuneigung.
Er hat mich nie gemocht, so wie ich bin.
In der FÜNF-MINUTEN-ÜBUNG habe ich nun herausgefunden, dass auch ich meinen Vater nie so akzeptiert habe, wie er war.
Ich wollte immer einen anderen Vater.
Einen, der erfolgreicher, witziger, schöner, "vorzeigbarer" sein sollte, sodass ich auf ihn stolz sein könnte, mit ihm angeben könnte, und meine Freunde mich um ihn beneiden.
Stattdessen habe ich mich seiner geschämt.
Damit habe ich eine Mauer zwischen ihn und mich gestellt.
Und seine Liebe nicht mehr zu mir durchgelassen, sodass er abprallte und nur noch mit Geldgeschenken zu mir durchkam,
nach dem Motto:
das ist ja wohl das Mindeste, was er für mich tun kann,
wenn er mich schon nicht liebt und auch sonst so blöd ist.

Für den Vater gilt in diesem Fall möglicherweise, anzuschauen:
Meine Schuld ist es,
dass ich die Not meines Kindes nicht gesehen habe, nicht sehen wollte.
Dass ich es vorgezogen habe, mich auf meine Kränkung zurückzuziehen,
und aus der Kränkung heraus zu handeln.
Also mit der Haltung,

`Dann eben nicht,
wenn sie mich nicht will, will ich sie auch nicht.`
Ich habe mich nicht gefragt,
wie es kommt, dass mein Kind nicht stolz auf mich sein kann, dass es sich meiner schämt.
Kann es sein, dass ich mich selber verachte, mich nicht achte, mich meiner schäme.
Hat mein Kind das vielleicht sehr sensibel gespürt und meine Abwehr dagegen übernommen und mir gespiegelt?
Was habe ich getan, um ihm zu helfen, bei dem schwierigen Prozess des Anerkanntseinwollens bei den Freunden oder Mitschülern den Rücken zu stärken, und Stütze und Kraft zu geben?
Was habe ich dazu getan, dass mein Kind auf sich stolz sein konnte, und sich als rund und geachtet, sich als richtig zu fühlen, ganz gleich, was die anderen von ihm denken.
Wenn es schon nicht auf mich stolz sein konnte?
Wie habe ich meinem Kind geholfen, mit all dem Schwierigen in seinem Leben fertigzuwerden und gut (heil) daraus hervorzugehen?

Klientin C. weiter:
"Ich sehe nun sehr deutlich auch meine Anteile, an dem, wie meine Eltern mich behandelt haben.
In der Schuldarbeit mit meinem Vater war das wie eine Erlösung. Ich habe eine solche Liebe in mir gespürt, das kann ich kaum beschreiben. Es schoss geradezu in meinen Körper und ich spürte ein Fliessen überall, warm und weich.
Ich kann jetzt die Liebe sehen, die "dennoch" da war,
bei ihm und bei mir,
dass ich geliebt worden bin und geliebt habe, liebe.
Und dann fielen mir auch all die schönen Dinge ein,
die ich mit ihm erlebt habe.
Die hatte ich unter all dem Groll ganz vergraben."

Klientin J:
"Ich habe auch immer geglaubt, meine Mutter liebt mich nicht.
Immer war Chris das Lieblingskind (jüngere Schwester).
Jedenfalls hab ich das gemeint.
Und dann hab ich versucht, wie Chris zu sein. Also wie `ne Kopie von Chris.
Aber, das klappte natürlich nicht gut, ich war natürlich eigentlich ganz anders.
Wir waren sehr verschieden.
Sie sehr ruhig, ich sehr temperamentvoll.
Da war ich dann also oft `ne Kopie von Chris und nicht ich.
Das war wie Gas geben und bremsen gleichzeitig.
Das hat sich ganz blöd angefühlt.

In der FÜNF-MINUTEN-ÜBUNG habe ich gesehen,
wie oft ich das meiner Mutter angekreidet habe,
dass ich aus mir `ne Kopie gemacht habe.
Mein bisheriges Bild war,
sie hat mich gezwungen, sowas zu machen, weil sie ja eindeutig Chris mehr geliebt hat.
Wie sehr ich sie oft gehasst habe deswegen.
Jetzt bin ich mir überhaupt nicht mehr so sicher, ob das gestimmt hat mit dem Chris mehr lieben.
Ich bin jetzt zu meiner Mutter gegangen
und hab mit ihr darüber geredet
und sie hat mir gesagt, wie sehr sie das mitbekommen hat,
eigentlich die ganze Kindheit hindurch
dass ich versucht hab, `ne Kopie von Chris zu sein
und wie hilflos sie sich da gefühlt hat.
Und, dass sie mich gerade in solchen Momenten oft ganz ganz doll geliebt hat.
Aber ich habe sie immer weggestossen, und sie hätte nicht gewusst, was sie machen soll.
Das Gespräch hat uns beiden gutgetan und fand ohne den üblichen Zank statt.
Wir haben beide geweint und uns gefreut gleichzeitig.

Für die Mutter ist in diesem Fall
sicher anzuschaun,
meine Schuld ist hier möglicherweise,
dass ich mich auf meine Hilflosigkeit
zurückgezogen habe.
Dass ich mich damit beschäftigt habe, wie schlimm
es ist, als Mutter so hilflos zu sein, so "zusehen"
zu müssen, ohne was tun zu können.
Statt mich mehr damit zu beschäftigen, dass mein
Kind in einer Not steckt
und mich dafür einzusetzen, dass da etwas anders
wird. Und nicht eher aufzugeben, bis ich
herausgefunden hab, was ich tun kann.
Ich habe es vorgezogen, zu glauben, das gibt sich
schon wieder.
Kinder werden ja mit allem leicht fertig, sie
vergessen so schnell.

Wie oft nehmen wir Kinder in ihren Problemen nicht halb so ernst wie Erwachsene. Und geben uns gar nicht erst die Mühe, hinter die Kulissen zu schauen, in dem (irrigen) Glauben, das wird sich schon wieder auswachsen.

Es war ja auch immer sonst soviel los, ich hatte
fast keine Zeit, mich darum zu kümmern.
Und dann hatte ich ja auch tatsächlich manchmal
Chris viel lieber, die war soviel pflegeleichter.
Aber das konnte ich doch nicht zugeben.
Statt meinem Kind Unterstützung zu geben in
ihrem Anderssein, wollte ich sie ja auch manchmal
wirklich so haben wie Chris.
Wie sehr habe ich verhindert, dass mein Kind
einfach die sein konnte, die sie war.

Es ist tatsächlich schwer, sich als "Kopie" von etwas oder jemandem geliebt zu fühlen.
Vielleicht wird sogar diese Kopie geliebt,

aber das bin ja nicht *ich*, also kann *ich* auch nicht das Erleben haben, geliebt zu werden.
Vielleicht hat die Mutter die geliebt, die unter der Kopie war,
vielleicht hat sie sogar die geliebt, die es nötig hatte, eine Kopie zu sein, *nämlich wirklich mich*.
Aber auch dann wird es mir schwer sein, das zu fühlen, da ich damit beschäftigt bin, Kopie zu sein,
und mir zu wünschen, als ebendiese Kopie endlich geliebt zu werden.
Das ist eine wahrhaft fatale Situation.

Klientin U:
"Ich hab die Übung mit meinem Ex-Freund gemacht,
und das hat eine solche Entkrampfung und Erlösung unserer Situation gebracht,
das kann ich gar nicht beschreiben.
Ich warte förmlich auf die fünf Minuten jeden Tag,
weil ich so gespannt bin, was da alles ans Tageslicht kommt.
Ich bin oft sehr erregt danach.
Ich löse mich von festgefahrenem Müll, auch in dem, was ich von unserer Beziehung und von ihm dachte.
Diese Arbeit ist richtig das, was mir im Leben gefehlt hat.
Ich fühle mich so angeregt.
Jetzt überlege ich, ob ich ihn mal anrufe."

Klient A:
"In der Fünf - Minuten - Arbeit habe ich jetzt gesehen,
dass ich meinen Sohn ständig unter Druck setze, damit er mein Selbstbild erhöht.
Es ist ja so, dass er an der gleichen Schule Schüler ist, wo ich Lehrer bin. Ich habe von Anfang an von ihm verlangt,
ein Superschüler zu sein
und ihm immer vorgelogen, es sei seinetwegen.
Weil es ja so wichtig ist im Leben, viel gelernt zu haben und all son Schmarrn.
Er hat so gelitten deswegen und sich immer gewehrt.

Die Wahrheit ist, ich wollte es hauptsächlich meinetwegen.
Wie hätte ich denn dagestanden im Kollegium, mit einem Versager als Sohn.
Er sollte also meine Selbstunsicherheit ausbügeln. Schrecklich.
Ich überlege jetzt, ob wir eine andere Schule für ihn oder für mich finden, wenn er das möchte.
Aber erst einmal hab ich mit ihm darüber geredet.
Das war gar nicht so einfach, meinem Sohn gegenüber zugeben, dass ich unsicher bin und so.
Aber es war ein gutes Gespräch.
Und ich kann gar nicht beschreiben, wieviel Wärme jetzt zwischen uns ist."

Klientin L:
"Ich war bisher eine, die sich immer wie ein Geier darauf stürzt, wenn irgendwer einen Fehler macht.
Also, ich war supergut im Schuldzuweisen.
Ich fand immer heraus, wer Schuld hatte, und es waren natürlich immer die anderen.
Und das Schlimme war, ich hatte auch meistens recht.
Jetzt, in der Schuldarbeit,
erkenne ich immer, wie sehr ich damit von eigener Schuld ablenken wollte. Mich und andere.
Ich habe zuerst in der Übung tagelang nichts gefunden.
Hatte sie zuallererst mit meiner Schwester gemacht.
Und es verging fast eine Woche, bevor etwas auftauchte.
Da wurde mir ganz heiss.
Jetzt purzelt es nur so, und es ist so, als ob jahrelange Verhärtung sich löst. Ich fühle mich so leicht jetzt.
Und es fallen mir auch ausserhalb der Übung ständig Sachen ein, die ich gemacht hab und die nicht in Ordnung waren,
zu allen möglichen Leuten.
Und das ist nur gut, ich brauche nicht mehr davor weglaufen.
Es passiert mir nichts Schlimmeres, als das, hinzusehen
und stehenzubleiben und zu sagen, ja, das stimmt, das hab ich getan."

Klient R. über seine Tochter D:
"Wenn meine Tochter mich besuchen kam,
habe ich mich bisher immer unwohl, unbehaglich gefühlt,
obwohl ich mich doch gefreut hab.
Da war soviel Unklares zwischen uns.
Nun hab ich meinen Teil der Unklarheit angeschaut,
und als sie neulich da war, konnte ich zum ersten Mal seit vielen Jahren entspannt mir ihr sein.
Was ich während der FÜNF-MINUTEN-ÜBUNG gesehen habe ist,
dass ich damals bei der Trennung von meiner Frau,
da war D. ja erst zehn,
ein grosses schlechtes Gewissen hatte D. gegenüber.
Ich ging ja wegen einer anderen Frau weg
und liess mein Kind einfach zurück.
Die neue Frau war mir wichtiger.
Wichtiger, als dass mein Kind seine Familie behält.
Da hab ich halt immer gedacht, das wirft sie mir bestimmt innerlich vor und fand es schrecklich, dass sie weiter so nett zu mir war.
Das hat schnell viel Kuddelmuddel gebracht.
Und manchmal hab ich die Einsamkeit in ihren Augen gesehen, und sie war doch trotzdem so tapfer.
Damit hab ich mich beruhigt: sie ist ja so tapfer.
Statt was zu tun, und zu ihrer Einsamkeit durchzudringen.
Das ist wirklich schwer, anzuschaun.
Und es ist gut, dass ich mich dem jetzt stelle."

Klientin B:
"Ich habe mit meiner Schwester immer Krieg geführt.
Jetzt, in der Schuldarbeit, hab ich mich neben sie gesetzt,
und gefühlt, wie einsam sie ist.
Und auch mitgekriegt, dass ich das immer nicht sehen wollte.
Dann hätte ich mich ja um sie kümmern müssen.
Und das wollte ich nicht.
Da war es einfacher, sie als Feindin zu sehen. Einer Feindin darf ich aus dem Weg gehen.
Das will ich jetzt nicht mehr."

Klient X:
"Ich hatte vor meinem Bruder immer Angst.
Und ich hab das für mich so geregelt,
dass ich gesagt hab, ich hab Angst vor ihm, weil er so und so ist,
also, er ist schuld an meiner Angst.
Ich habe jetzt das `weil er so und so ist` mal weggelassen
und gesehen, wie sehr ich ihn mit meiner Angst auch zum
`Bösen Buben` gemacht habe.
Damit war ich automatisch der Bessere von uns beiden.
Ich fühle mich sogar meiner Schwägerin gegenüber jetzt freier. Die konnte ich bisher auch nicht leiden."

Klientin H:
"Ich habe mich mit meiner Schwester in einem "ewigen inneren Dialog" befunden, seit sie gestorben ist.
Ich habe ihr auf ihre Bitte hin Sterbehilfe geleistet.
Vordergründig, um sie zu erlösen.
Also, es sah alles so aus, als sei das ein Akt der Nächstenliebe.
Und, obwohl es das auch war, gibt es da auch eine dicke Schuld:
ich war nämlich auch froh, sie los zu sein.
Ich konnte ihr was heimzahlen damit.
Jetzt, nachdem ich diese Schuld zu mir genommen habe,
ist unser ewiger innerer Dialog beendet.
Meine Schwester ist jetzt erst wirklich gegangen."

Klient K:
"Ich mache meine Frau oft lächerlich, weil sie in Gesellschaft oft so unsicher und dumm ist. Ich distanziere mich dann von ihr und schäme mich über sie. Die andern sollen nicht merken, dass ich mit `so einer` verheiratet bin.
In dieser Arbeit schäme ich mich über mich,
ich sehe jetzt, dass ich jedesmal, wenn ich mich über sie erhebe, wirklich aller Welt zeigen kann, ich bin der Klügere, ich bin nicht dumm und schon gar nicht unsicher. Was überhaupt gar nicht stimmt.
Ich habe in der Schuldarbeit meine Angst und Unsicherheit, vor

allem auch meine Angst davor,
für dumm gehalten zu werden, gesehen.
Und, wie sehr ich das alles meiner Frau aufgebrummt habe.
Das hat mir wirklich das Herz umgedreht.
Ich hab sie so benutzt.
Es ist allerhöchste Zeit, dass ich damit aufhöre."

Klient T:
"Meine Tochter kam in die Pubertät in der Zeit, als das gerade so anfing, dass so Missbrauchsgeschichten zwischen Vätern
und Töchtern mehr publiziert wurden, an die Öffentlichkeit kamen.
Ich fühlte mich plötzlich nicht mehr frei ihr gegenüber.
Dachte immer, jeder könnte ja auch sowas von mir denken.
Also hab ich von heute auf morgen
keine Berührung mehr zugelassen.
Sie hat das gar nicht verstanden. Natürlich nicht.
Wir waren vorher sehr schmusig miteinander.
Sie hatte viel Vertrauen zu mir.
Und plötzlich hab ich gesagt, du bist jetzt zu gross.
Ich war von da an nie mehr unbefangen ihr gegenüber.
Und sie hat immer gemeint, es läge an ihr,
sie hätte irgendetwas Schreckliches angestellt.
Weil sie`s wirklich nicht verstanden hat.
Von da an zerbrach unsere Beziehung.
Meine Schuld ist, dass ich das Thema Missbrauch
für mich so abgewehrt habe.
Durch diese Arbeit sehe ich,
dass es sehr notwendig gewesen wäre, da genauer hinzuschaun.
Zu forschen, was da bei mir eigentlich los ist,
dass ich so sehr Angst vor dem Thema hatte.
Dass ich eher in Kauf genommen habe, mich selbst und vor allem meine Tochter völlig unfrei zu machen,
statt mich dem zu stellen,
und mich mit dem Thema in Bezug auf mich auseinanderzusetzen.
Und auch dringend einen Weg zu finden, in dem sie es nicht ausbaden müsste, dass ihr Vater da `verquer` ist.

Ich habe meiner Tochter jetzt einen Brief geschrieben,
in dem ich über all dies rede.
Eine Antwort hab ich zwar noch nicht, aber ich bin sicher, dass es besser werden wird zwischen uns."

Klientin A:
"Diese Arbeit ist toll.
Ich sehe jetzt zum Beispiel, wie sehr ich auch Schuld auf mich lade, allein durch nicht Nehmen der Schuld.
Wenn ich z.B. immer so tue, als könne ich ja nie für irgendetwas.
Wenn ich kritisiert werde, wenn irgendwer irgendein Verhalten von mir nicht richtig findet, schmettere ich das grundsätzlich ab.
Es ist allein schon Schuld, dass ich mein Gegenüber dann gar nicht ernst nehme, abgesehen von dem, worum es dabei inhaltlich geht.
Mein Mann kann ein Lied davon singen.
Ich höre da jetzt mehr wirklich hin und weiche nicht mehr aus.
Ich kann ja seit neuestem die Spreu vom Weizen trennen."

Klientin K:
"Ich habe bei der Trennung von meinem Mann die Zwillinge bei ihm gelassen.
Es schien damals die beste Lösung für die Kinder.
Wir haben das sehr sorgfältig überlegt.
Er war halt auch der Hausmann gewesen und ich hab das Geld verdient. Er war also quasi die Mutter.
Und obwohl ich immer der Meinung war, dass das in der Situation wirklich das Beste für unsere Kinder war
(von drei schlechten Möglichkeiten die Beste),
hab ich mich doch lebenslang mit Schuldgefühlen gequält deswegen.
Und ich hab auch Schuld da !!
Was übrigens damals die meisten Freunde, sicherlich wohlmeinend, versucht haben, mir auszureden.
Es ist schon eine Schuld, *meine Schuld*, nicht geblieben zu sein
und die Ehe zu retten.
Es ist meine Schuld, nicht gründlich genug nach Lösungen gesucht zu haben, in der die Zwillinge ihre Mutter behalten.

Es ist meine Schuld, meinen Kindern ihre Mutter weggenommen zu haben.
Es ist meine Schuld, nicht genügend auf meine Schuld geguckt zu haben.
Und natürlich hab ich noch viel, viel mehr gefunden, was ich jetzt hier nicht alles sagen will.
Wenn ich damals die Schuldarbeit schon gekannt hätte, wäre vermutlich vieles anders gelaufen.
Vielleicht wäre die Trennung von meinem Mann nicht unbedingt vermieden worden, aber wir hätten vielleicht einen besseren Weg gefunden, in dem wir beide die Kinder in ihrem Leben begleitet hätten.
So war ich ja immer nur die Besuchsmutter.
Ich glaube, ich kann mit diesen Dauerschuldgefühlen
jetzt aufhören."

Klientin S:
"Was ich auch spannend finde, ist, dass ich die Übung als völlig unterschiedlich erlebe, je nachdem, mit wem ich sie mache.
Ich hab sie bis jetzt mit meinem Sohn gemacht,
mit meinem Mann und mit meiner Mutter,
und sie jedesmal völlig anders erlebt.
Bei meinem Sohn war viel Erleichterung, Heiterkeit.
Bei meinem Mann sowas wie: Ruhe kehrt ein, Frieden.
Und bei meiner Mutter hat es sich zuerst ganz sperrig angefühlt.
Ich hatte Widerstand.
Es war mit ihr im Anfang so ein Gefühl: schwer und zäh
und blieb bis zum Schluss auch noch ein bisschen unerlöst.
Trotzdem hab ich das Gefühl, das irgendein Mist weg ist.
Aber ich mache die Übung mit ihr noch weiter.
Da ist noch längst nicht alles auf`m Tisch.

Klientin E:
"Meine sexuellen Phantasien haben mir auch immer viel
Schuldgefühle gemacht.

Nach dem Motto: das darf ja nie jemand wissen, was du dir so für Vorstellungen machst.
Es ist, als würde das alles "entstaubt".
Ich springe manchmal richtig auf, so packt mich die Lust, alles anzuschaun, wo diese Schuldgefühle Humbug sind und wo etwas wirklich nicht in Ordnung ist.
Und mit dem Versteckspiel aufzuhören.
Das ist zwar auch eine richtig harte Arbeit manchmal,
aber es lohnt sich.
Ich hab auch heimlich immer soviel Scham gehabt, ohne sie erklären zu können.
Ich weiss jetzt: auch die Scham hindert mich, hinzugucken.
Ab jetzt keine `Deckmäntelchen` mehr !
Ich gucke jetzt auch generell mit anderen Augen in die Welt.
Vor allem bin ich viel, viel duldsamer mit den Fehlern anderer."

Klient Y:
"Ich hatte immer viel Groll und Anklagen an meine Eltern.
Jetzt habe ich die **FÜNF-MINUTEN-ÜBUNG** mit ihnen gemacht.
Zuerst mit meiner Mutter, dann mit meinem Vater.
Und da hat sich vieles GELÖST in mir.
Es ist nicht so, dass ich Ihnen jetzt gar nichts mehr vorzuwerfen hätte, aber dadurch, dass ich meinen Teil jetzt sehe, kommt irgendwie die Verhärtung, die Bombe, der Hass da raus.
Ich spüre jetzt einfach, dass sie mich sehr geliebt haben.
Das war unter der Verhärtung ganz verlorengegangen."

Klientin V:
"Bei mir ist es ähnlich.
Ich bin vor einiger Zeit zu ihnen (den Eltern) gefahren und hab ihnen gesagt, dass ich mich im Moment mit meiner Schuld ihnen gegenüber befasse.
Ohne weitere Erklärungen. Ich wollte (jetzt) auch gar nicht mit ihnen darüber reden, ich wollte nur, dass sie das wissen.
Sie waren zwar erstaunt, aber dennoch ganz offen.
Sie haben mich nicht einmal gedrängt - ich wäre da ja sehr neugierig

gewesen.
Es war alles o.k.
Es war, als hätten sie mich verstanden.
Ein gutes Gefühl."

Hier gibt es den Hintergrund, dass der Vater von V. im Sterben lag.
Vielleicht hat V. ihrem Vater damit ein unschätzbares Geschenk gemacht.
Es ist wohl häufig so, dass Sterbende sich bewusst oder unbewusst auch noch einmal mit ihrer Schuld im Leben befassen.
Und wenn sie nicht zu einer Erlösung kommen, sicherlich auch damit sehr quälen.
Dadurch, dass seine Tochter deutlich machte, sie befasse sich mit ihrer Schuld, und sich das für ihn offensichtlich gut anfühlte, konnte er vielleicht auch noch einmal leichter zu seiner Schuld
gehen.
Auf jeden Fall gab es in den Wochen vor seinem Tod noch wirklich wunder-vollen Kontakt, in der tiefe Liebe spürbar war
und es war ein guter Abschied.

Klient W:
"In den Telefonaten mit meiner Mutter hat sich total viel verändert.
Ich höre ihr jetzt wirklich zu
und sehe sie, als die, die sie ist.
Ich habe mein total verkehrtes Bild von ihr korrigiert.
Es ist sonst immer so, dass wir so ein Ritual haben,
so eine Verwicklung:
Sie jammert über all ihre Wehwehchen und ich tue so, als ob ich zuhöre, und verdrehe die Augen.
Ich tue so, als ob ich ein liebevoller Sohn bin, und denke die ganze Zeit, hoffentlich ist sie bald fertig, hoffentlich legt sie gleich auf.
Irgendwann reagiere ich dann gereizt und dann wirft sie mir vor, dass

ich mich gar nicht für sie interessiere.
Und irgendwann legen wir dann beide frustriert auf, natürlich erst, nachdem wir uns gegenseitig unserer Liebe versichert haben.
Ich hasse diese Lügerei.
Doch, obwohl ich mir schon ganz oft vorgenommen habe, diesmal machst du es anders, gelang es mir doch nie, aus diesem Spiel auszusteigen.
Meine Schuld ist, dass ich eigentlich voller Groll auf sie bin, wegen vielerlei Dinge, die sie mir vorenthalten hat.
Auch wegen dem, was sie aus ihrem Leben gemacht hat,
wie wenig Rücksicht sie da auf uns genommen hat, etc.
Und natürlich glaubte ich, Ihr das nicht zeigen zu können,
weil sie zu alt und krank dafür ist.
Das wäre ja alles ganz gut und schön, wenn es mir gelungen wäre, den Groll aus diesen Gründen wirklich loszulassen.
Das Gegenteil ist der Fall, der Groll verstärkt sich bei jedem Telefonat, weil ich ihr nun auch noch genau das vorwerfe, nämlich, dass sie zu alt und krank ist und ich mich deswegen beherrschen muss.

In der Schuldarbeit sehe ich jetzt, dass ein Teil meines Grolls Neid ist, weil sie ihr Leben so lebt, wie sie es lebt.
Sie ist viel lebenslustiger als ich und traut sich was.
Und sie hat mir damals einen Stiefvater vor die Nase gesetzt, der eigentlich ganz in Ordnung war.
Ich fand doch aber, ich wäre jetzt der Mann in der Familie und das müsse ihr doch genügen.
Welch ein Quatsch, sie war ja noch jung.
Und ich hab wohl damals beschlossen, ich mach ihr jetzt `ne Menge Ärger deswegen, damit sie ja sieht, dass sie nicht glücklich wird mit dem.
Sie hat sich das aber nicht nehmen lassen, hat eigentlich ganz wundervoll reagiert damals,
und mich einfach mit meiner Eifersucht gelassen.
Kein grosses Brimborium gemacht deswegen.
Und sie hat mir viel Angebote gemacht, in denen ich "der Prinz"

hätte sein können.
Ich sehe jetzt, auch das war ein Teil meines Grolls,
dass sie so gut damit umgegangen ist, statt "verschnupft" zu reagieren.
Neulich war ich mit meiner neuen Freundin bei ihr. Die ist natürlich viel unbefangener ihr gegenüber.
Da hab ich gesehen, was für eine humorvolle, warmherzige Frau meine Mutter eigentlich ist.
Die beiden haben so viel gelacht und ich konnte mein bisher so verzerrtes Bild gut erkennen.
Ich habe ihr wirklich innerlich Abbitte getan.
Und seltsamerweise jammert sie jetzt auch nicht mehr soviel von ihren Wehwehchen.
Ich telefoniere im Augenblick wirklich gern mit ihr."

Zuletzt noch eine Geschichte
die ich wegen ihrer Ungewöhnlichkeit an den Schluss gestellt habe:

Klient Z:
"Mich hat in meinem Geschäft vor einigen Jahren jemand
um 1o.ooo. DM betrogen.
Die schuldete der mir noch und ist damit einfach abgehauen, hat sich ins Ausland abgesetzt.
Es gab da natürlich auch ein Verfahren, aber ohne Erfolg.
Und ich bin inzwischen davon ausgegangen, dass ich dieses Geld nie wiedersehe.
Jetzt kommt da doch tatsächlich letzte Woche ein Scheck aus Australien, von diesem Mann, ein Scheck über 1o.ooo.- DM.
Einfach so. Ich kann das noch gar nicht fassen !
Da hat jemand offensichtlich *seine Schuld*(en) mir gegenüber angeschaut
und gehandelt.

Jetzt möchte ich abschliessend
dem Kapitel ERGEBNISSE noch zwei Dinge anfügen,

zum einen werde ich mich dem Thema VERZEIHEN noch ein wenig zuwenden, und zum anderen noch einmal einen Blick auf das SOGENANNTE BÖSE werfen.

ZUM VERZEIHEN

Verständlicherweise taucht während der Schuldarbeit in dem hier beschriebenen Sinne auch immer mal wieder das Bedürfnis,
Vergebung zu erhalten, auf.
Und, wie aus der Beschreibung der **FÜNF-MINUTEN-HINSEH-ÜBUNG** zu erkennen ist, gebe ich *während* dieser 5 Minuten keinen Raum dafür,
weil es dort um Hinschauen geht
um Geradestehen für meine Schuld
um Geradestehen mit meiner Schuld
und nichts sonst.
Doch überraschenderweise ist es unsere Erfahrung,
und gehört somit auch zu den bemerkenswerten Ergebnissen,
dass, wenn die Schuld-Arbeit wie vorgeschlagen gelungen ist,

EIN VERZEIHEN VON AUSSEN NICHT MEHR NOT-WENDIG ZU SEIN SCHEINT

Ich habe die Not der belastenden Schuld schon während der Übung gewendet in ein
BEFREIENDES ANNEHMEN DER SCHULD

Dies kommt, wenn manchmal auch nicht sofort, sondern erst im Laufe der Zeit, einem
MIR SELBST VERGEBEN
gleich

Persönlich vermute ich allerdings auch,
dass, solange ich mir nicht selbst wirklich vergeben habe, es mir auch nichts nützt, zumindest nicht in der Tiefe, wenn jemand anderes mir vergibt.
Dies gilt sowohl für den Fall, dass die Vergebung von den Beteiligten kommt, als auch dort, wo ich sie im Beichtstuhl oder im Abendmahl erhalte.
Weil ich, solange ich mir nicht selbst vergeben habe, weder die Göttliche Vergebung, noch die von Menschen kommende, nicht wirklich annehme.

Dennoch halte ich die Möglichkeit des Beichtenkönnens, wie sie in der Katholischen Kirche gegeben ist, für etwas durchaus Sinnvolles, in der Evangelischen Kirche habe ich dies immer vermisst.
Sofern jemand aufrichtig im Beichtstuhl sitzt,
kommt dieses Aussprechen, Benennen, "Sichtbar"-, Hörbarmachen der Schuld vielleicht einem *Stehenbleiben* und *Annehmen* gleich, oder doch sehr nah. Zumindest könnte dies die Einleitung eines tieferen Stehenbleibens und mich *zu meiner Schuld Bekennens* darstellen.

Bisher jedoch sind mir, trotz der Tatsache, dass für die gläubigen Christen mit dem Erscheinen, mit dem Leben und Sterben des JESUS CHRISTUS die Schuldvergebung "gesichert" ist, noch wenig Christen (ich sage nicht: gar keine !) begegnet, für die das wirklich eine anhaltende *schulderlösende* Wirkung hatte.

Auch hier scheint es viel darum zu gehen, dass ich mir zunächst einmal selbst vergebe, und dass darin dann auch der tiefe Glaube, dass auch GOTT, so ich an einen GOTT glaube, mir vergibt, enthalten ist. Zumindest scheint es so zu sein, dass für viele Menschen die Vergebung durch Christus oder andere nur "vorne an" Erleichterung verschafft, in der Tiefe jedoch wird es nicht geglaubt.
Dies liegt meines Erachtens daran, dass wir dann noch nicht wirklich ganz zu unserer Schuld gegangen sind.
Selbst so wunderbare Aussagen wie:
"DER, OB WIR IHN GLEICH HOCHBETRÜBT, DIE STRAF ERLÄSST, DIE SCHULD VERGIBT" **(Zitat aus Paul Gerhard-Lied/Nachdichtung 89. Psalm)**

müssen ja wahrscheinlich auch erst einmal zutiefst geglaubt werden, bevor sie ihre befreiende Wirkung entfalten können.
Und das fällt anscheinend viel leichter, wenn ich wirklich *aufrichtig* mit meiner Schuld, mit aller meiner Schuld,
vor allem mir selbst gegenüber, gewesen bin.

So könnte, wenn die Schuldarbeit wirklich aufrichtigen Herzens stattfindet,
aus der SCHULDLISTE, wie sie im Anfang des Buches beschrieben wird, allmählich eine VERZEIHENSLISTE werden.
Im Sinne von:
ICH VERZEIHE MIR
UND ICH BIN SICHER, DASS MIR AUCH VERZIEHEN WIRD
(von der "höheren Ordnung", von Gott, Christus, oder was immer uns da nah ist).

Sollte es mir darüberhinaus wichtig sein, mit den betreffenden Menschen zu reden, um auch von Ihnen Verzeihung zu erhalten, so kann ich dies selbstverständlich im *zweiten Schritt* jederzeit tun.

Und daneben gehört es natürlich ganz dringend mit zu der Schuldarbeit, dass ich mir anschaue, wo *ich* unversöhnlich anderen Menschen gegenüber bin. Und wie es mit *meiner* Bereitschaft, zu verzeihen, jemand anderem zu verzeihen, aussieht.
Auch nicht bereit sein, zu verzeihen, kann eine Schuld sein.

Doch wundervollerweise fällt es den Menschen, die die Schuldarbeit machen, sehr viel leichter, auch den Menschen zu vergeben, die ihnen etwas angetan haben.
Wenn ich meine Schuld zu mir nehme, bin ich fast automatisch VERSÖHNLICHER mit anderen.
Dies ist auch ein ERGEBNIS der Schuldarbeit.

DAS SOGENANNTE BÖSE

Wie bereits erwähnt, sehe ich es als ein weiteres der vielen positiven Ergebnisse dieser Arbeit an, dass wir von den sog. guten Menschen einfach zu Menschen werden.
Nämlich zu Menschen, denen klar ist, dass zu Menschsein gehört, alle, IN WORTEN: ALLE ! Variationmöglichkeiten des Verhaltens,
die Menschen jemals gezeigt haben, zeigen und zeigen werden,
in sich als Möglichkeit eigenen Verhaltens zu erkennen
und anzuerkennen.

Wenn wir dies nicht akzeptieren, werden wir immer dazu kommen, *andere* für weitaus schuldiger zu halten, für weitaus schlimmer, grausamer etc. und *uns* damit für besser.
Wir sind dann die *eigentlich* guten Menschen, während "natürlich" viele andere die wahrhaft bösen Menschen sind, über die wir uns erheben können.

Ich weiss, dass dies für manche schwer zu schlucken ist.
Doch die Schuldarbeit hat gezeigt, dass wir nur zu dieser Einsicht kommen können, es sei denn, wir beginnen, Grenzen zu setzen, zwischen kleiner und grosser Schuld, zwischen wahrhaft schuldig oder nur ein bisschen schuldig.
Und das ist auf keinen Fall etwas, was mit dieser Arbeit angestrebt und erreicht werden soll.
All jene, die bislang diese Arbeit mit mir geteilt haben, kommen da zu dem gleichen Ergebnis: nämlich, dass wir alle alles enthalten.
Das heisst nun nicht,
jede und jeder von uns wird nun auch jegliche Greueltat, zu der Menschen überhaupt fähig sind, irgendwann einmal begehen (müssen).
Doch wenn wir ignorieren, dass wir grundsätzlich all dies in der Möglichkeit auch sind **(s. Zitat Kahlil Gibran im Anfang des Buches)**,
nämlich Bestien, GewalttäterInnen, MörderInnen u.v.a.m.,
neben Gütigem, Grossherzigem, Warmem und Friedvollem etc. in

uns, unterdrücken wir sehr vitale Lebensäusserungen.
Wir drücken sie weg, tun so, als gäbe es sie nicht: "zumindestens nicht bei mir".
Nirgendwo sonst wird die Wichtigkeit der Trennung zwischen *erstem* und *zweite*m Schritt so deutlich, wie hier.
Und es gilt, zu überlegen, ob nicht das Sichtbarwerden dieser menschlichen Verhaltensmöglichkeiten durch tatsächliche Greueltaten (zweiter Schritt) ganz wesentlich etwas mit dem Wegdrücken dieser Tatsache durch viele von uns, zu tun haben.

Was ich bislang noch nicht gefunden habe,
ist eine Weltsicht,
in der GUT und BÖSE
WIRKLICH GLEICHBERECHTIGT NEBENEINANDERSTEHEN !!!
Eine Weltsicht, *in der es tatsächlich* in der über die schriftliche Niederlegungsebene hinausgehenden Handhabung keine Hierarchie zugunsten des Guten gibt =
Gut ist wunderbar, Böse ist schlecht.
Allenfalls gehen wir soweit, dass wir die Existenz des Bösen akzeptieren *müssen* (niemals: wollen)
und versuchen müssen, irgendwie damit fertigzuwerden, dass es das im Leben gibt: das sogenannte Böse.
Wobei sich natürlich schon bei der Begrifflichkeit unbewältigbare Fragen ergeben. Ganz besonders im Blick auf den Grenzverlauf zwischen beiden, der, je nach Kulturkreis durchaus "willkürlich" festgelegt scheint.

Niemals jedoch gehen wir soweit, dass wir das Böse lieben (dürfen) genauso wie das Gute.

Deshalb möchte ich hier noch eine "Gedankenspielerei", die ich bereits vor einigen Jahren schrieb, anfügen:

ÜBER DAS BÖSE

Ich lasse hier der Einfachheit halber die mir so wichtige infragestellende Bezeichnung "sogenannt" weg und verwende die umgangssprachliche Begrifflichkeit.

Das BÖSE ist in jedem Menschen
Es ist einfach da
Ebenso wie das GUTE
Es ist einfach da

Es ist geborgen und eingebettet in der Liebe
Es muss nicht bekämpft werden
Es darf gewusst und begrüsst und geliebt und akzeptiert werden

Wenn dies im *Innen* stattfindet
Wenn dies wirklich erlaubt ist
Es zu haben, und es zu sein
Wird es sich nicht mehr im Aussen
So verheerend (Heer?) zeigen = äussern müssen

Das eigentlich Schreckliche liegt im Negieren des BÖSEN
Das BÖSE wird durch Verbot erst böse
Verbot schafft Frustration
Verbot schafft Angst
Verbot schafft Agression
Das Durchsetzen von Verbot kommt stets nur
Mit Androhung von Strafe daher
Strafandrohung erzeugt Druck
Druck erzeugt Gegendruck
Gegenbewegung
Rachelust
Von "Zurückschlagenwollen" bis stärker "schlagen" wollen
Selbst im Ausweichen entsteht Gegendruck
Das Ausweichen**müssen** stellt eine Einschränkung der Freiheit dar
Die inneren, meist heruntergeschluckten Druck erzeugt
Der dann irgendwann als Gegendruck

Manchmal erst Jahre oder Jahrzehnte später
In ausgesprochen vielfältigen Erscheinungsformen
Meist kaum mit dem ursprünglichen Ereignis in Verbindung gebracht
Hervorbricht
Und sich **plötzlich** zeigt

Immer wieder ist es so
Dass Menschen
Da sie ja nicht böse sein dürfen
In Gedanken, Worten und Werken
Beginnen
Meist sehr frühzeitig
Bereits die *Impulse* zum Böse-sein in sich
Zu unter-drücken
Sie beiseite zu schieben
Sie zu ver-drängen
Auch Drängen bedeutet eine Einschränkung der Freiheit
Der Entscheidungs-Freiheit
Wenn ich etwas frei-willig tue, muss ich nicht gedrängt werden.
Doch
Wir alle haben dies meist ja sehr früh gelernt

Stille sitzen
Ohren spitzen
Händchen falten
Mund halten

Der Inbegriff des braven Kindes, das natürlich nicht böse sein kann
Und schon gar nicht böse handeln kann
Wie sollte es auch - mit gefalteten Händen

Es beginnt damit
Dass es schon nicht einmal erlaubt ist
Das Böse im Innen zu haben (wieviel weniger im Aussen)
Dass es schon nicht erlaubt ist
Es nur zu fühlen

Zu erleben
Vielleicht sogar
Es zu geniessen

Erhalten wir die Erlaubnis
Diese Erfahrung mache ich in der Arbeit mit meinen Gruppen
Jedes
Sogenannte böse Gefühl
D.h., jeden Rachegedanken
Jede Gemeinheit
Jede Bosheit
Jeden Sadismus
Jede Lust, zu quälen
Jede Gewaltphantasie
Jeden Neid
Jede Habgier
Jeden sog. "Egoismus"
Jede Rücksichtslosigkeit, Selbstsucht, Geltungssucht
Jede Eitelkeit
Jedes Herrsch- und Machtbedürfnis
Jede Mordlust
Jeden Vernichtungsgedanken
Jeden Ärger, jede Wut etc. etc
In uns in **voller Grösse**
Zulassen zu dürfen
D.h., es erfahren
Erleben und
Geniessen
Zu dürfen
Im Sinne von: es ist gut, auch dies zu fühlen
So wird dies meist als ungeheure Erleichterung, wenn nicht gar Erlösung erlebt

Und spätestens da wird deutlich, wie sehr wir uns fast *erdrückt* fühlen
Vom nicht böse sein dürfen
Was uns ziemlich böse macht

Noch einmal:
Es geht hier natürlich nicht darum, zu möglichst grausigen Menschen zu werden, mit der Haltung:
"Na, wenn ich nun sowieso das alles auch bin.........."
Sondern es geht um die Situationen, in denen ich diese sog. "bösen" Regungen in mir feststelle, weil sie da sind, ob mir das nun gefällt oder nicht.
Es geht darum, sie in diesen Augenblicken als genauso zum Menschsein gehörend zu erleben wie jede andere Regung auch, und sie nicht mehr zu verleugnen.
Und für diejenigen von uns, die da bislang viel "verleugnet" haben, könnte es z.B. darum gehen, sich auf die Suche zu machen nach der Wahrheit diesbezüglich in uns.
Mir geht es um das Zulassen (**dürfen**) im *ersten* Schritt,
d.h., ganz und gar sich ausbreiten dürfen in meinem *Innen*,
dass ich *so eine* (was immer das sog. Böse da gerade sein mag) auch bin oder sein könnte,
weil ich sehr viel Grund zu der Annahme habe, dass ich es dann im *Aussen* nicht mehr *tun* muss.

Diese Art der Sicht auf mich als GANZER Mensch, mit allem, was Menschsein enthält, ist meines Erachtens eines der wunderbarsten ERGEBNISSE dieser Arbeit.

SCHLUSS

Soweit also die (bisherigen) ERGEBNISSE.

Dieser Bericht beinhaltet Teile der nunmehr fast zweijährigen Erfahrung mit dieser Art der Schuldarbeit, wie ich sie an mir selber und in der Arbeit mit meinen Klientinnen und Klienten erfahren habe.
Doch ganz sicher enthält diese Arbeit noch weit mehr Potential, als wir bis hierher absehen können
und wir dürfen gespannt sein auf alles, was sich daraus noch entwickeln wird.

Natürlich ergeben sich diese Erfahrungen bislang (wie auf Seite 2o bereits erwähnt) ausschliesslich aus der Arbeit mit Menschen, die ohnehin in der GESTALTBERATUNG mit mir arbeiten, sodass eine Offenheit für diese Art des Umgangs mit dem Thema schon vorausgesetzt werden konnte.

Doch ich habe Hoffnung, dass darüberhinausgehend auch andere Menschen zu der Lust finden, sich auf diese Art und Weise mit ihrer Schuld zu befassen.
Und dies durchaus auch mit Leichtigkeit und ohne sich einem neuen moralischen Druck ausgesetzt zu sehen.

Ich danke meinen Klientinnen und Klienten, dass sie mir ermöglichen, zu wachsen.
Ohne sie hätte ich nicht zu dieser Art der Schuldarbeit gefunden.

ALLEN, DIE MIT DIESEM BUCH ARBEITEN, WÜNSCHE ICH VON GANZEM HERZEN EBENSO WUNDERBARE ERFAHRUNGEN, WIE DIE, DIE BEREITS VORLIEGEN.

WAS ES IST

ES IST UNSINN
SAGT DIE VERNUNFT
ES IST WAS ES IST
SAGT DIE LIEBE

ES IST UNGLÜCK
SAGT DIE BERECHNUNG
ES IST NICHTS ALS SCHMERZ
SAGT DIE ANGST
ES IST AUSSICHTSLOS
SAGT DIE EINSICHT
ES IST WAS ES IST
SAGT DIE LIEBE

ES IST LÄCHERLICH
SAGT DER STOLZ
ES IST LEICHTSINNIG
SAGT DIE VORSICHT
ES IST UNMÖGLICH
SAGT DIE ERFAHRUNG
ES IST WAS ES IST
SAGT DIE LIEBE

ERICH FRIED

Quellenverzeichnis:
Erich Fried: Es ist was es ist - Verlag Klaus Wagenbach, Berlin 1983
Khalil Gibran: Der Prohet - Walter Verlag, Düsseldorf/Zürich 1973
Beichtbekenntnis: EKG 799

DIE AUTORIN BIETET SEMINARE ZU DIESEM THEMA AN

ANFRAGEN RICHTEN SIE BITTE AN:

ASW VERLAG ANNEGRET WEINERT WÖRMCKE

Bremerhavenerstrasse 45
28217 Bremen

ASW
VERLAG
ANNEGRET
WEINERT
WÖRMCKE